# DIE VIER ELEMENTE



# ERDE

Claudia van der Sluis

# DIE VIER ELEMENTE

## TEIL 1

# DAS ELEMENT ERDE

IRIS
Bücher & mehr

*Hinweis des Verlages:*
Die Empfehlungen, Behandlungsmethoden, Informationen, Übungen, Rezepte, Aussagen usw. in diesem Buch wurden von der Autorin und dem Verlag mit größter Sorgfalt geprüft. Die Autorin und der Verlag übernehmen jedoch keinerlei Haftung für eventuelle Schäden, die durch den Gebrauch oder Mißbrauch der Informationen in diesem Buch entstehen. Die Informationen in diesem Buch sind für Interessierte gedacht und sind nicht als Therapie- und Diagnoseanweisung im medizinischen Sinne zu verstehen.


ISBN 90-6361-018-1

Die Originalausgabe erschien unter dem Titel:
*Aarde – De Vier Elementenreeks, Deel 1*


Weitere Informationen über unsere Titel:
www.irisbuch.com

Umschlaggestaltung: Studio Paul C. Pollmann
Satz und Layout: Rufus C. Camphausen
Übersetzung aus dem Niederländischen: Jolanda ter Berg

# INHALT

# VORWORT

Mit beiden Füßen fest auf der Erde stehen... gründen... irdisch... geerdet sein... fest wie ein Fels...
All diese Ausdrücke und Redewendungen haben mit Erde zu tun, dem Element, welches das Weibliche verkörpert und für solide, feste Werte steht: Geld zum Beispiel, Sicherheit, Gesundheit und Ordnung. Auch Themen wie Konzentration und Bindung, Verantwortungsbewußtsein und Gründlichkeit stehen im Zusammenhang mit dem Element Erde. Das Element Erde hat viele Gesichter, doch stets ist es fest mit unserem Planeten verbunden, im wahrsten Sinne des Wortes bodenständig.

Wer an Erde denkt, meint vielleicht zunächst nur den Planeten Erde. Doch Erde bedeutet viel mehr. *Erde* ist eine Metapher für Stabilität, Ordnung und Struktur, für festen Grund unter den Füßen haben. 'Geerdet sein' heißt buchstäblich sich verbunden und verwurzelt fühlen mit dem Planeten, auf dem wir alle leben.
In diesem Buch möchte ich Ihnen zeigen, was dieser vieles umfassende Begriff Erde für Sie bedeuten kann: als Planet, als Mutter, als Grund unter Ihren Füßen, als Basis Ihres Lebens.
Zusammen mit den anderen Büchern über die Elemente *Luft*, *Feuer* und *Wasser* bildet dieses Buch über das Element Erde ein Mosaik von theoretischem Wissen und praktischen Anwendungen auf verschiedenen Gebieten, in denen die Elemente eine besondere Rolle spielen.

Claudia van der Sluis

# HINTERGRÜNDE ZUM ELEMENT ERDE

Seit jeher fragen sich die Menschen, wie die Erde selbst und alles, was auf diesem Planeten existiert, entstanden ist. Selbst als man die Erde noch für eine flache Scheibe, eine Schildkröte oder der Rücken eines Walfisches hielt. Instinktiv denkt jeder darüber nach, wo das, was auf der Erde grünt und blüht eigentlich herkommt, wie es sich mit dem Menschen als solchem verhält und was geschieht, wenn es ans Sterben geht. Selbst jetzt, wo viele Sachverhalte wissenschaftlich geklärt sind, beschäftigt die Suche nach Antworten auf die großen Lebensfragen die Menschen.

Wir wissen, aus welchen Elementen wir Menschen und unser Planet, die Erde, aufgebaut sind. Doch trotz all dieses Wissens sind wir nicht in der Lage, im Labor auf dieselbe Weise Leben zu erschaffen wie es die Erde mit Hilfe von Luft, Feuer und Wasser tut. Es ist uns unmöglich, höhere Tiere oder gar Menschen aus dem Nichts zu erschaffen.

Auf unsere Lebensfragen gibt es nach wie vor keine eindeutigen Antworten, doch wir denken darüber nach und kommen so zu neuen Hypothesen und Theorien. Dasselbe taten schon die alten Griechen. Wenn deren Theorien auch vielfach überholt sind und von den nachfolgenden Philosophen weiterentwickelt wurden, lohnt sich doch ein Blick darauf. Er wird uns helfen, die Elemente, die Erde und uns selbst besser zu verstehen.

## Der große Knall…

Eine der vielen Theorien über die Entstehung der Erde ist die 'Big Bang'-Theorie, die besagt, daß unser Weltall durch den Urknall entstanden ist. Die Theorie sagt allerdings nichts über den Uranfang des Weltalls aus, denn sie setzt die Existenz von Raum und Energie voraus. Der Urknall markiert daher nicht die Geburt des Weltalls als solchem, sondern nur die Geburt der Sterne und des Sternensystems. Und was war davor? Wer an einen Gott glaubt, kann danach fragen, wie dieser Schöpfer alles schuf. Auch das ist wieder Nahrung für viele neue Gedanken…

## Unsere Erde und ihre Elemente

Von den Elementen ist Erde das dichteste. Luft, Feuer und Wasser sind alle drei beweglich, die Erde ist fest, dauerhaft und solide. Sie ist die Basis, der Kern, auf dem die drei anderen Elemente fußen. Es gibt noch ein fünftes Element, den Äther, die alles umfassende Form, welche die Elemente zusammen hält und in der die Umwandlungen statt finden.
Unsere Erde besteht nicht nur aus 'Erde', sondern auch aus sehr viel Wasser, aus Vulkanen und ist umgeben von einer Atmosphäre.
Die Erde und ihre Umgebung bestehen aus festen, flüssigen, heißen und flüchtigen Stoffen, ist also eine Art Cocktail aus allen Elementen. Auch wenn er fest und dauerhaft erscheint, so ist unser Planet doch ständig in Bewegung. Die Erde ist ein lebendiger Organismus, der mit wirbelnden Winden, feurigen Eruptionen und strudelnden Strömen zu kämpfen hat. Die Kräfte aus dem Erdinneren und die sie von außen erreichenden Energieströme mischen diesen Elementecocktail ständig neu.
Kein Element steht für sich allein. Jedes beinhaltet auch die anderen Elemente und kann sich durch die Verbindung mit ihnen in eines der anderen verwandeln. Das ist übrigens die Grundlage der Alchemie. Hierüber mehr im Buch über das Element *Feuer*.

## Parallelen zwischen der Erde und dem Menschen

Der Körper der Erde besteht aus einer Anzahl von Schichten, die im Laufe der Entwicklungsgeschichte durch komplizierte Prozesse entstanden sind. Einer der wichtigsten Prozesse ist dabei das Erstarren oder Festwerden der anderen Elemente. Die äußerste Schicht ist die Erdkruste, darunter finden wir den Erdmantel und wieder darunter den Erdkern, der sich aus einem äußeren und einem inneren Kern zusammensetzt. Der äußere Kern ist flüssig, der innere fest. Dieser innere Kern besteht mit ziemlicher Sicherheit aus Eisen und/oder Nickel.
Durch die Bewegung des flüssigen um den festen Kern entsteht ein magnetisches Feld: die Magnetosphäre. Dieses Phänomen kann man am besten am Beispiel eines Fahrraddynamos vorstellen. Auch dieser hat einen festen Kern, um den eine Spule gewickelt ist. Durch die Bewegung des Rades, die über eine Art Zahnrad auf den Dynamo übertragen wird, beginnt sich der Eisenkern immer schneller zu drehen und

die Fahrradlampe leuchtet. Neben der Lichtenergie ist um die Spule herum auch ein magnetisches Feld entstanden. Dieses Feld ist vergleichbar mit der Magnetosphäre der Erde.

Die Ähnlichkeiten zwischen dem Menschen und der Erde sind bemerkenswert. Auch der Mensch ist eine Art Cocktail der Elemente. Wir bestehen grobstofflich aus einem festen, harten Kern, haben ein warmes, flüssiges Inneres und eine äußere Schicht, auf der alles mögliche wächst. Die Atmosphäre, welche die Erde umgibt, kann man mit der Aura vergleichen, die den Menschen umgibt. Energiezentren, die Chakren, wie wir Menschen sie haben, hat auch die Erde in Form von Energieknotenpunkten (s. dazu das Kapitel *Energien der Erde*, S. 32).
Ist es Zufall, daß das menschliche Herz etwas außerhalb der Mittelachse liegt, nämlich bei ungefähr 23,5°, ebenso wie die Erdachse?
Und noch eine auffällige Übereinstimmung. Der Mensch atmet ca. 18 mal pro Minute, also 2160 mal in 2 Stunden. In dieser Zeit zieht aufgrund der Erdrotation jeweils ein Tierkreiszeichen über uns hinweg. Innerhalb von 24 Stunden zieht also der gesamte zwölfteilige Tierkreis über uns hinweg.
Werfen wir einen Blick auf die Präzession[1] der Erde, oder anders gesagt, die Kreiselbewegung der Erdachse. Zufall oder nicht, es dauert präzise 2160 Jahre, daß die Erdachse ein Tierkreiszeichen durchläuft. Tatsächlich braucht die kreiselnde Erdachse ca. 25920 Jahre zum Durchlauf des gesamten Tierkreises mit seinen zwölf Zeichen...

Der menschliche Körper ist aus Erde gemacht und kehrt auch wieder zur Erde zurück. Kein Wunder also, daß uns der Kontakt mit der Erde oft soviel Ruhe, Stabilität und Befriedigung gibt.
Die bekannte Aussage "Wie oben, so unten" zeigt, daß alles sowohl im Großen wie im Kleinen präsent ist. Der menschliche Körper versus Erde, Mikrokosmos versus Makrokosmos, beides unterliegt denselben Prozessen. Sobald Sie erkennen, wie dies alles funktioniert und einen Blick in die Welt hinter der Welt werfen, werden Sie das Leben mit anderen Augen betrachten. Plötzlich erkennen Sie, daß ein Blatt nicht nur Teil eines Astes ist, sondern dieser Ast, und damit das Blatt, zu einem

| Mensch | Erde |
|---|---|
| Aura | Atmosphäre |
| Chakren | Knotenpunkte von Leylinien |
| Haut | Erdmantel |
| Organe und Muskeln | flüssiger Metallkern |
| Blut und andere Körperflüssigkeiten 70% | Wasser ca. 70% |
| Knochen | fester Erdkern |
| Lage des Herzens 23,5° | Lage der Erdachse (Präzession) 23,5° |
| 2160 Atemzüge pro Tierkreiszeichen | 2160 Jahre durch ein Tierkreiszeichenperiode |
| 25920 Atemzüge | ca. 25920 Jahre Präzessionszyklus |
| pro 24 Tag (= 12 Tierkreiszeichen) | (= 12 Tierkreiszeichenperioden) |

Baum gehört, welcher mit seinen Wurzeln kraftvoll in die Erde greift und sich von dem, was die Erde gibt, ernährt. Auch wir Menschen sind Glieder eines größeren Ganzen, dessen Ausmaße wir gar nicht fassen können, selbst wenn wir es noch so eifrig versuchen.

Die Wertschätzung unseres Planeten, den wir auch Mutter Erde nennen, als schöpfende Kraft und Basis für das Leben, ist ein Thema, an dem viele achtlos vorbeigehen. Doch es ist und bleibt ein Wunder, daß aus winzigen Saatkörnern so viele schöne Dinge erwachsen. Früher ehrte der Mensch zur Aussaatzeit und zur Erntezeit die Erde in speziellen Riten und Festen. Heute wird unser Planet stets mehr verschmutzt, kaputt gemacht und entehrt. Wir scheuen keine Mühen, Mutter Erde zugrunde zu richten, weil wir in unserer Arroganz der Meinung sind, alles besser zu wissen und zu können. Wir produzieren immer neue künstliche Arzneistoffe, Chemikalien, Nahrungsmittel und andere Dinge, die schlecht für unsere Umwelt sind.
Auch hier geht der Vergleich Erde - Mensch wieder auf. Der Mensch verseucht mit seinen Aktivitäten nicht nur den ehedem so prächtigen

Planeten, sondern auch seinen eigenen Körper. Und dann wundern wir uns, daß allerlei geheimnisvolle Krankheiten die Oberhand gewinnen, gegen die kein Ach und Weh mehr hilft...

**Norden, Osten, Süden, Westen**

Oft wird die Erde mit dem Norden, dem Winter, der Kälte und der Nacht in Verbindung gebracht. Warum ist das so? Meines Erachtens paßt zur Erde viel besser der Frühling, wenn die Sonne wieder öfter scheint, der Himmel aufbricht, die Blütenknospen prall an den Pflanzen prangen und überall neues Leben sprießt. Genau aus diesen Gründen bringen manche Menschen die Erde in Zusammenhang mit dem Frühling.

Warum dann aber auch in diesem Buch die Zuordnung zum Norden? Nun, für das Element Erde steht auch die Zeit der Planung, der Stille, Dunkelheit, die Zeit des Rückzugs, der Ruhe Weisheit und des Alters. So gesehen ist es berechtigt, Erde mit dem Winter und dem Norden in Korrespondenz zu stellen.

**Das Wort ‚Erde'**

Das Wort Erde scheint uralt zu sein und wird schon auf sumerischen Tontafeln aus der Zeit um ca. 4000 v.Chr. genannt. Darauf wird erzählt, glaubt man einigen Übersetzern, daß eine Gruppe außerirdischer Wesen, die *Annuaki* oder *Nefilim*, die Erde besiedelten. Sie erbauten ihre Häuser an Sümpfen und nannten sie *eridu*, was soviel bedeutet wie 'weit weg gebautes Haus'.

Nach dem ethymolgischen Wörterbuch stammt das Wort Erde vom germanischen *ero* (altsächsisch/altniederfränkisch *ertha*) und hat sich in allen germanischen Sprachen ähnlich gehalten. Auch im aramäischen *ered* und im kurdischen *erd* findet sich das Urwort wieder.

In den Büchern des Forschers und Autors Zecharia Sitchin, einem der wenigen Menschen, die in der Lage sind, die sumerische Keilschrift zu übersetzen, können Sie weitere Zusammenhänge über die Herkunft unserer Erdbevölkerung nachlesen. Sollten wir letztendlich doch von Außerirdischen abstammen? Vielleicht erfahren wir das irgendwann einmal, wenn mehr Tontafeln entziffert sind...

# DIE GESCHICHTE DER ELEMENTE

Die alten Völker hatten ihre eigenen Sitten und Gebräuche, mit denen sie die spirituell wie physisch in ihrem Leben präsenten natürlichen Prinzipien verehrten. In ihren Ritualen waren die vier Elemente Erde, Luft, Feuer und Wasser stets allgegenwärtig. Sie formten eine Einheit und bildeten die Basis des großen Ganzen. Noch heute findet man solche Gebräuche bei einigen Naturvölkern. Einige afrikanische Stämme essen z.B. Schlamm, um sich rituell mit Mutter Erde zu vereinen. Selbst in unserer modernen Kultur empfindet man ein Moorbad oder eine Schlammpackung als ungeheuer entspannend und reinigend. Für derartige Genüsse muß man in teuren Kurorten eine Menge Geld auf den Tisch legen. Und das, wo man eigentlich völlig gratis in der freien Natur den gleichen Luxus haben könnte, wenn man sich nach einem heftigen Regen draußen im Garten ein Schlammbad gönnt. Nur an den kleinen Krabbeltieren im Haar oder auf der Haut darf man sich nicht stören…

Tausende von Jahren ehrten die Völker auf der ganzen Welt *Erde*, *Luft*, *Feuer* und *Wasser* in Ritualen und Gebräuchen. Doch als die Ära der Griechen anbrach, änderte sich das. Ihr Einfluß war von großer Bedeutung für die Weltgeschichte.

(In den Büchern über die Elemente *Feuer*, *Wasser* und *Luft* werden weitere wichtige Zeitabschnitte in der Geschichte der Elemente beleuchtet.)

## Das Entstehen des Begriffs 'Element'

Im Griechenland um ca. 650 v.Chr. lebte in Milet, einem pulsierenden Handelszentrum, in dem unterschiedlichste Kulturen aufeinander trafen, der Kaufmann und Philosoph Thales. Auch er grübelte über den Ursprung unseres Planeten und des Menschen nach. Schließlich kam er zu folgendem Schluß: 'Alles ist Wasser und das Wasser ist unerklärlich.' Wasser ist immerhin der einzige Stoff, der in festem, flüssigem und gasförmigem Zustand vorkommt. Vielleicht kam er zu seinem Schluß, weil

zum einen die Menschen zum großem Teil aus Wasser bestehen, und es zum anderen auf der Erde soviel Wasser gibt.
Sein Schüler Anaximander spielte mit dieser Idee weiter und kam aber zu einem ganz anderen Schluß. Wasser allein reiche nicht aus, da müsse es noch etwas geben. Vielleicht war die Natur des Menschen schlicht nicht benennbar und einer göttlichen Quelle entströmt, die völlig außerhalb unseres Vorstellungsvermögens liegt. 'Dasjenige, aus dem die Dinge entstehen, ist auch dasjenige in das sie wieder vergehen', formulierte er und nannte das Unbenennbare *apeiron*, um es doch irgendwie zu erfassen – getreu dem menschlichen Streben, alles in irgendeine Schublade zu packen.
In den folgenden Zeiten griffen viele die Idee der Urprinzipien auf und bearbeiteten sie mit der eigenen Logik – mal mehr oder weniger inspiriert durch die Ahnen, die Natur oder subjektive Erfahrungen. Darunter war auch jemand, der behauptete, die Erde bestehe aus Feuer: Heraklit von Ephesus. 'Der Kosmos kennt eine Ordnung und Struktur, die durch das Feuer existiert.'
Anaximenes wieder behauptete das Gegenteil: 'Der Mensch besteht aus Luft.' Diese These war ebenso wenig belegbar wie die anderen. Das Problem lag darin, das der feste Stoff, die Materie, stetigen Veränderungen ausgesetzt ist, was in den Erscheinungen der Natur klar zu sehen ist. Es entstanden zwei Lager. Die eine Partei vertrat die These, daß alles in der Natur letztlich bestehen bleibt, die andere behauptete, alles sei in Bewegung.
Empedokles brachte endlich Licht ins Dunkel und wurde dadurch bis in alle Ewigkeit berühmt als Philosoph, der den Begriff *der vier Elemente* erdachte. 'Es gibt nicht zwei, sondern mehrere Stoffe. Diese Stoffe oder Prinzipien bilden die Basis für alles. Alle vier sind gleich wichtig und gleich unvergänglich.' Erde, Wasser, Luft und Feuer unterliegen seiner Auffassung nach stetigen Veränderungen und werden durch Liebe und Hass beeinflußt. Das Entstehen und Vergehen der Materie erklärte er durch die verschiedenen Verbindungen, welche die vier Elemente miteinander eingehen.

Seither nimmt die Elementelehre einen festen Platz in der Philosophie ein. Der große Denker Plato beschrieb fünf physische Formen der Elemente:
- den Ikosaeder oder Zwanzigflächer (Wasser)
- Tetraeder oder Vierflächer (Feuer)
- Oktaeder oder Achtflächer (Luft)
- Kubus oder Sechsflächer (Erde)
- Dodekaeder oder Zwölfflächer (Universum/Äther).

Bemerkenswert ist, daß genau diese Formen schon in neolithische Siedlungen aus der Zeit um ca. 1500 v.Chr., aber auch in verschiedenen anderen Funden etwa aus der Etruskerzeit entdeckt wurden, also aus Zeiten stammen, lange bevor Plato sie benannte (Reproduktionen davon finden Sie im Ashmoleum Museum in Oxford).

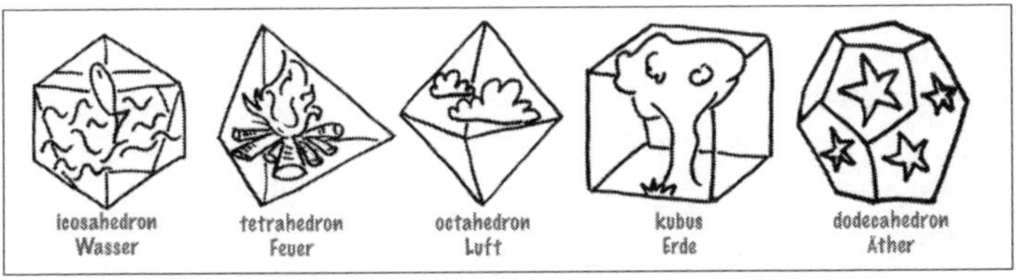


Der berühmte griechische Arzt Hippokrates (460-377 v.Chr.) kam auf die Idee, daß im Körper des Menschen vier Arten von Körpersäften fließen, die miteinander im richtigen Verhältnis stehen müssen: Blut, Schleim, gelbe Galle und schwarze Galle. Ein zuviel oder zuwenig des einen oder anderen Saftes verursache die Krankheiten.
Platos Schüler Aristoteles stellte dann fest, daß die vier Elemente nicht ohne einander existieren könnten. Sie würden sich gegenseitig beeinflussen, was er Transmutation nannte. Die Elemente unterscheiden sich durch die Eigenschaften kalt, feucht, trocken und warm. Jedes Element besitzt zwei dieser Eigenschaften:

Erde – kalt und trocken
Luft – warm und feucht
Feuer – warm und trocken
Wasser – kalt und feucht

Diese Thesen hielten sich noch für viele Jahrhunderte. In der modernen naturwissenschaftlichen Sicht seit der Entdeckung der Atome, Moleküle etc. gilt die Elementelehre als überholt. In den verschiedenen esoterischen Schulen wurde die Basisidee, daß alles auf vier (bzw. fünf) Elementen beruht, aber seit jeher tradiert, da sie auf vielen Ebenen nach wie vor zutreffend erscheint.

Ein Element können Sie als eine Anzahl zueinander gehörender Eigenschaften betrachten, die unter einen gemeinsamen Nenner gebracht wurden. Die esoterischen Schulen haben verschiedene Eigenschaften mit dem jeweiligen Element verbunden, die unter anderem auch spirituell aufeinander bezogen werden. Sie werden in diesem und den drei anderen Büchern zu den Elementen Luft, Feuer und Wasser beschrieben.

| | | |
|---|---|---|
| Thales | ca. 624-545 v.Chr. | Wasser |
| Anaximander | 611-547 v.Chr. | Apeiron, göttliche Quelle |
| Anaximenes | 585-528 v.Chr. | Luft als Urprinzip |
| Heraklit von Ephesus | ca. 540-480 v.Chr. | Feuer als Urprinzip |
| Empedokle | 494-434 v.Chr. | 4 Elemente: Erde, Luft, Feuer und Wasser |
| Plato | ca. 427-347 v.Chr. | fünf physische, platonische Formen der Elemente |
| Hippokrates | 460-377 v.Chr. | vier Körpersäfte |
| Aristoteles | 384-322 v.Chr. | 4 Elemente und Transmutation, Ergänzung des Elements Äther |

## Die Elemente in anderen Kulturen

In der westlichen Tradition bildet das Pentagramm den Körper des Menschen ab und ist mit den fünf Elementen (das fünfte ist der Äther) verbunden.

In manchen östlichen Ländern, etwa China und Japan, arbeitet man ebenfalls mit einem System von fünf Elementen, welches aber hier aus den Elementen Holz, Metall, Erde, Feuer und Wasser besteht.
Die indischen Tattwas, auch Mahabutas oder Pancatattwa genannt, haben weitgehend die gleichen Eigenschaften wie in der westlichen Tradition. Die Symbole werden anders dargestellt, haben aber viele Berührungspunkte.
Die Tibeter zählen ebenfalls fünf Elemente, teilen diese aber anders ein. Sie basieren auf der Lehre Buddhas.
Schließlich sind noch die neun Elemente des nordischen Europa zu nennen, welche mit den neun Welten der germanischen Mythologie, namentlich der Edda, korrespondieren: Eis, Feuer, Luft, Wasser, Eisen, Salz, Hefe, Gift und Erde.

# ERDE IN KULT, (NATUR-)RELIGION UND WELTANSCHAUUNG

Große Mutter, Mutter Erde, Gaia… ihre üppigen Landschaften, ihre Hügel und Täler, erinnern an den Körper einer Frau. Natürliche Öffnungen – Grotten, Felsspalten und Quellen – waren heilige Orte und obendrein Zugänge zur Unterwelt. Die Erde hat zwei Gesichter, die in den verschiedenen Erd- oder Muttergottheiten dargestellt werden. Diese haben schöpferische und fruchtbare, aber auch zerstörende Kräfte, mit denen sie über Geburt und Tod herrschen. Man findet diese Eigenschaften auch im Ablauf der Jahreszeiten und in Zyklen des Menschenlebens wieder. Man verehrte früher die Mutter Erde in zahlreichen Festen und Ritualen, die später vielfach christlich umgedeutet wurden. In Naturreligionen und Weltanschauungen wie Wicca, Druidentum und auch der Anthroposophie sind die alten Werte noch heute quicklebendig.

## Mithraskult

Alle großen Religionen der Erde ehren so oder so die Urprinzipien, auch das Christentum, der Islam und der Buddhismus. Daneben existierten früher noch die sogenannten Mysterienkulte. Eine Bedingung für den Beitritt zu einem Mysterienkult war die Einweihung. Für eine solche Einweihung kam allerdings nicht jeder in Frage, weil, um mit dem Philosophen Pythagoras zu sprechen, 'nicht mit jedem Holz ein Feuer entzündet werden kann'. Er selbst war Eingeweihter einer alten ägyptischen Mysterienschule. Den Beitritt mittels Einweihung gab es auch im Mithraskult, den es zwar seit langer Zeit nicht mehr gibt, der aber als Typus einer Mysterienreligion weiter lebt. Vor allem Soldaten und Kaufleute übten diesen reinen Männerkult aus. Frauen war er verwehrt. Es gab sieben Ebenen der Einweihung, zu deren Erreichen Prüfungen von Fähigkeiten und Ausdauer abzulegen waren.

Mithras war der persische Sonnengott, geboren aus einem Felsen am 25. Dezember. Der Kult, zunächst vor allem in Rom ausgeübt, breitete sich später über ganz Europa aus. Sogar in den Niederlanden und Belgien wurden Relikte dieses Kultes ausgegraben, die wohl von Soldaten mitgeführt wurden. In Tienen (Belgien) kann man einen Mithrastempel besichtigen, der 1998 entdeckt wurde. In Rom, unter der Kirche San Clemente, ist ein Mithratheum mit Altar und einem Relief mit rituellen Handlungen zu sehen.
Besondere Bedeutung hatte im Mithraskult das Stieropfer. Der Stier galt als Symbol für das Böse auf Erden. Am 21. Juni feierte das Volk eines der wichtigsten Jahresfeste, während dessen auch andere Tiere, unter anderem Lämmer, Kälber und Geflügel, geopfert wurden.

## Demeterkult oder Die Eleusischen Mysterien

Bei den Griechen, Römern, Ägyptern, Germanen und Kelten gab es eine ganze Reihe verschiedener Kulte. Einer der bekanntesten ist der Demeterkult, auch die Eleusischen Mysterien oder Eleusiskult genannt. Dieser Kult entstand um 700 v.Chr. nach einer von Homer stammenden Hymne an Demeter, in der die Geschichte von Demeter und ihrer Tochter Kore (Persephone) erzählt wird.

Demeter begibt sich in die Unterwelt, um nach ihrer Tochter zu suchen, die am hellichten Tag beim Blumen pflücken von Hades, dem Gott der Unterwelt, entdeckt und entführt wurde. Demeter läßt auf der Erde alles im Stich und macht sich verzweifelt auf die Suche. Als alte Frau verkleidet kommt sie nach Eleusis, wo sie vom Herrscherpaar als Kinderfrau für deren Söhne aufgenommen wird. Als Demeter im Geheimen den jüngsten Sohn mit Hilfe von Ambrosia unsterblich machen will, wird sie dabei von der Mutter des Kindes erwischt und gibt sich daraufhin zu erkennen. Die Erde ist seit ihrem Weggang völlig verwahrlost und kann keine Nahrung mehr für Mensch und Tier hervorbringen. Doch Demeter ist nicht bereit, etwas zu unternehmen, solange sie nicht ihre Tochter wiederbekommt. Da entschließt sich Zeus, zwischen Demeter und Hades zu vermitteln. Er erreicht, daß Kore den größten Teil des Jahres bei ihrer Mutter verbringen darf. Das bedeutet aber auch, daß sie vier Monate (manchmal werden auch drei oder sechs Monate genannt) bei Hades verbringen muß. Überglücklich schließen Mutter und Tochter einander in die Arme und von diesem Moment an beginnt das Getreide wieder zu wachsen.

Demeter war die Göttin des Ackerbaus, des Brotes und des Getreides. Sie herrschte über alles, was mit der Bearbeitung des Bodens zu tun hatte. Dazu zählten natürlich auch die nötigen Gerätschaften. Ihr Name bedeutet *demo meter*: die Mutter, die das Volk wachsen läßt.
Die Ehrendienste für Demeter, durch die eleusischen Priester und Priesterinnen abgehalten, erfreuten sich fast tausend Jahre großer Popularität. Die alten Priester seien Magier mit enormer Zauberkraft und unerschöpflichem Wissen gewesen, so berichten die Legenden. Sie seien sogar in der Lage gewesen, sich frei durch Zeit und Raum zu bewegen. Eingeweihte glaubten an ein ewiges Leben nach dem Tod, denn Demeter war nicht nur eine Getreide- und Ackerbaugöttin, sondern auch Mittlerin zum Reich des Todes.
In Griechenland genossen die Demeter-Priester hohes Ansehen. In Laufe der Zeit entwickelte sich ein regelrechter Priesterstaat. Auch weibliche Priester waren zugelassen. Sie wirkten aber eher im Hintergrund und erreichten längst nicht das Ansehen der männlichen Kollegen.

Mehrere Feste waren der Demeter geweiht. Am 22. Dezember feierte man die Geburt Demeters und ihres Kindes Persephone (Kore) oder Dionysos (Bacchus), Gott des Weins und des Genusses. Während des Neumonds im Januar feierte man das Mysterienfest, in dem auch Dionysos wieder eine Rolle spielte. Es gab Essen und Trinken im Überfluß. Die Frauen aßen spezielle Kuchen in der Form von Geschlechtsteilen und sprachen dabei über Sex. Männer waren nicht zugelassen, sie kümmerten sich lediglich um die Vorbereitung des Festes.
Später, zum Ende des Winters gab es die sogenannten Kleinen Mysterien, an denen ausschließlich Eingeweihte teilnehmen durften. Die Großen Mysterien fanden zwischen dem 15. und 23. September statt, wenn die Sonne im Zeichen der Jungfrau stand, und dauerten neun Tage.

Es gab drei Grade der Einweihung: Lehrling, Geselle und Meister. Jemand, der zur Einweihung in Betracht kommen wollte, mußte zunächst durch ein Labyrinth laufen. Wer das auf dem richtigen Weg schaffte, wurde zur ersten Einweihung während der Großen Mysterien zugelassen. Ein halbes Jahr davor erhielten die Auserkorenen die Aufforderung, während der Kleinen Mysterien im Tempel der Athene zusammenzukommen, nachdem sie einige Tage gefastet hatten. Dort erfuhren sie vom Schicksal Persephones. Mit nackten Füßen und entblößtem Oberkörper, das Gesicht bedeckt und geschmückt mit Myrthenblättern wurde ihnen ein Erkennungscode zugeteilt, damit sie sich beim Fest untereinander erkennen konnten. Der Code bestand aus der Frage: *Hast du das Brot gegessen?* Und die Antwort mußte lauten: *Ich habe gefastet und aus dem Becher Wasser mit Mehl getrunken, ich habe das Brot aus der Truhe genommen, es gekostet, in einen Korb gelegt und aus dem Korb zurück in die Truhe.*
Zum festen Bestandteil des Rituals gehörte in diesen Tagen die Opferung eines Schweines.
Mit phallisch geformten Gerätschaften, die den Fruchtbarkeitscharakter der Mysterien betonten sollten, führten die Anwesenden sexuelle Handlungen aus. Beim Zug von Athen nach Eleusis während der Großen Mysterien wurden diese Geräte in einem rituellen Korb in der Prozession mit geführt.

Die Kleinen Mysterien wurden mit einer Art Taufe im Fluß Ilysses abgeschlossen, wobei die Neophyten ein Eid zur Geheimhaltung ablegten.

*Festlichkeiten*

Die Festlichkeiten der Großen Mysterien dauerten neun Tage und waren wesentlicher Bestandteil der Einweihung. Als der Kult Staatsreligion geworden war, begannen die Festlichkeiten im September in der Hauptstadt Athen. Jeder, ob groß ob klein, alt oder jung, durfte mitmachen.

Der erste Tag war bestimmt von groß angelegten rituellen Reinigungen im Meer. Am zweiten und dritten Tag wurde geopfert und am vierten Tag fand die große Bittprozession von Athen nach Eleusis statt. Normalerweise dauerte dieser Weg vier Stunden, während der Prozession jedoch dauerte er mindestens zehn Stunden, da die Priester immer wieder anhielten, um religiöse Handlungen zu vollziehen. Ähnlichkeiten mit christlichen oder islamischen Prozessionen liegen auf der Hand.

Der bunte Zug singender und feiernder Mensch muß ein wahres Spektakel gewesen sein. Lebensgroße Abbilder von Demeter und Persephone (Kore) wurden ebenso mitgeführt wie Bilder des Dionysos. Auf diese Weise wurden Brot (Demeter) und Wein (Dionysos) miteinander verbunden.

Farbenfroh verkleidete Figuren begleiteten die Prozession. Voraus lief die Amme des Dionysos, ein als Frau verkleideter Mann, und trug Spielsachen aus der Kindheit des Weingottes. Ein Träger schleppte die heilige Truhe der Demeter, in der kunstvolle Brotformen sowie Weizen und Honig aufgestapelt lagen. Der Trogträger folgte mit dem Backtrog, in dem Dionysos als Kind geschlafen haben soll. Weitere heilige Gegenstände, darunter die Früchte des Bodens als Zeichen den Überflusses, wurden von Korbträgern transportiert. Dann folgten die Eleusischen Priester, die Mysten, sowie die Neophyten, die nun eingeweiht werden sollten und schließlich das Volk. Sie sangen, tanzten und brachten Opfer dar. Jeder trug zu Ehren der Götter irgendetwas bei sich, ob es nun ein Bündel Getreideähren oder eine Fackel war. Zwingend notwendig war es, die Prozession zu Fuß zu absolvieren, denn schließlich hatte De-

meter den Weg in den neun Tagen, während derer sie ihre Tochter suchte, auch zu Fuß zurückgelegt.
Der fünfte Tag war wieder bestimmt durch Opfern von Geschenken an die Ackergöttin und andere Götter. Am sechsten Tag hielt man ausschweifende Festgelage zu Ehren des Weingottes ab. Neben Gesang und Tanz waren Wettkämpfe und andere Volksvergnügen feste Bestandteile dieser Bacchanalien.

*Einweihung*

Während das Volk feierte, fanden in den Tempeln die strikt geheimen Einweihungszeremonien statt. Dazu gehörte auch ein Passionsspiel, welches den Tod und die Wiedergeburt des Getreidekorns darstellte. Hier vollzog sich auch das Ritual der heiligen Hochzeit zwischen Demeter und Iasion. Die sexuelle Vereinigung wurde auf einem Pflug, dem Symbol der Fortpflanzung, vollzogen.
Anschließend mußten sich die Elemente bei der Reise durch die Finsternis behaupten. Ihre Kräfte wurden durch heilige Gegenstände symbolisiert, die drei Priester den Neophyten zeigten: Früchte, Getreideähren, einen Stein und eine Tierhaut. Daneben lagen selbstverständlich auch die phallischen Symbole, die die Saat der Fruchtbarkeit vergegenwärtigten, sowie ein Bild der Göttin.
Diese Gegenstände wurden in festgelegter Reihenfolge in eine besondere Truhe gelegt. Die Gesänge der Priester hoben an, nannten die Namen der Gottheit und der Symbole und dann wurden die Neophyten mit sich selbst und der Erde konfrontiert. Mit verbundenen Augen wurden sie auf geheimen, schmalen Bergpfaden entlang an tiefen Abgründen, tosenden Bächen und durch feuchtkalte Höhlen geführt. Ihre ohnehin angespannten Sinne wurden durch das Gebrüll wilder Tiere, das Zischen von Schlangen und das Getöse herabstürzender Felsbrocken strapaziert. Es muß eine wirklich Angst einflößende Wanderung gewesen sein, doch hatte sie auch ihre Bedeutung, versinnbildlichte sie doch den Gang durch die Unterwelt, den Demeter gehen mußte.
Wer diesen Weg ohne Angst zu zeigen hinter sich gebracht hatte, kam zur Pforte der Einweihung und durfte bei Musik, Früchten und Getränken zu

Atem kommen. Man tat alles, um die angespannten Sinne der Neophyten zu besänftigen, bevor sie die nächsten Prüfungen zu bestehen hatten.
Zu einem bestimmten Zeitpunkt erschien ein Lichtstrahl. Dieser stammte von den Fackeln anderer Eingeweihter oder vom Stern Sirius, der genau zu eben diesem Zeitpunkt den Einweihungsort bestrahlte. Darüber gibt es unterschiedliche Berichte.
Jedermann war ganz in Weiß gekleidet. Mit den Worten 'Willkommen im Heiligtum, Bräutigam' sprachen die Priester den neu Eingeweihten an. Anschließend vollzogen sie das Ritual. Man trank den Trank, den Demeter ehedem in Eleusis gekostet hatte: Kykeion. Dieser alkoholische Kräutertrank hatte eine stark halluzinierende Wirkung. Der Neophyt gelangte durch den Genuß auf eine andere Bewußtseinsebene, wodurch erneut seine Sinne geschärft wurden.
Die anderen Priester führten singend, tanzend, erzählend und darstellend Szenen auf, welche die Geschichte Demeters thematisierten. Der Neophyt hatte das Gefühl, eins zu werden mit allem was geschah, eins zu sein mit dem Kosmos. Ein weiterer Trank, danach verabreicht, hatte die gegenteilige Wirkung: Er ernüchterte den Neophyten.
Nun kam der letzte Teil der Einweihung: Der Gang zu der Truhe, in der die heiligen Attribute ausgestellt waren. Stück für Stück nahm der Priester die Gegenstände aus der Truhe und legte sie in einen Korb neben sich. 'Siehe, alles ist wieder zusammen gebracht. Eins ist alles und die Mutter herrscht darüber.'

Ebenso wie der Mithraskult weckte auch der Demeterkult den Widerstand der christlichen Kirche. Um das Jahr 394 n.Chr. kam das Ende. Der Vernichtung gingen schreckliche Szenen voran. Der Westgotenkönig Alarich stürmte mit seinen Armeen die Tore von Eleusis. Seine Soldaten plünderten, zerstörten und raubten alles, was ihnen in die Hände fiel und vergewaltigten die Priesterinnen in den Tempeln. Der neue Gott des Brotes hieß fortan Christus und Demeter durfte ihm nicht im Wege stehen.

Es gab natürlich noch unzählige andere Kulte, die hier vorzustellen aber aus Platzgründen kaum möglich ist. Der Grund, warum ich speziell den

Demeterkult vorgestellt habe ist folgender: Als Erdgöttin hat sie vielen Religionen und Lebensweisen maßgeblich ihren Stempel aufgedrückt.

## Druidentum

Unter die neuheidnischen oder neopaginistischen Religionen fällt auch das Druidentum, welches in der Gegenwart immer verbreiteter wird. Das Druidentum ist eine typische Sonnenreligion, daher finden Sie darüber mehr im Teil über das Element Feuer.

## Moderne Hexerei

Auch die moderne Hexerei zählt zum Neopaginimus oder Neuheidentum. Weil Hexen in ihrer Religion bzw. Weltanschauung den Mond ins Zentrum stellen, finden Sie mehr darüber im Buch über das Element Wasser bzw. meinen anderen Büchern *Alte Traditionen – Moderne Hexen* und *Das magische Buch vom Mond.*

## (Neo-)Schamanismus

Der Schamanismus ist die älteste Naturheilweise, keine Religion, auf die unter anderem die Hexerei zurück geht. Ursprünglich stammt der Schamanismus aus Sibirien, aber auch sonst gibt es in aller Welt Völker und Stämme, die Schamanen kennen, etwa in Afrika und Amerika. Ein Schamane legt großen Wert auf die göttliche Energie, aus der er seine Kraft schöpft und mit der er in seinen Ritualen, Trancereisen und Gebräuchen in Kontakt tritt. Die Ahnenverehrung ist für ihn sehr wichtig, weil er es als unverzichtbare Notwendigkeit ansieht, zu wissen, wer man ist, um sich selbst und seine Vorfahren besser verstehen zu können. So können karmische Situationen der Gegenwart aus der Kenntnis der Vergangenheit heraus besser interpretiert werden. Der Kontakt zu den Geistern ist ein wesentliches Merkmal des Schamanismus und spiegelt sich in vielen Werkzeugen, Gegenständen und Gebräuchen. Jeder Gegenstand, mit dem ein Schamane umgeht, hat symbolische Bedeutung.

Viele moderne schamanische Riten mischen sich aus unterschiedlichen Traditionen. Die Nutzung der Elemente findet sich aber überall wieder, beispielsweise in der Schwitzhütte der nordamerikanischen Indianertradition, in der man mit Feuer, Steinen, Wasser und Luft arbeitet. Der Nutzen der Schwitzhütte ist, daß Sie darin Körper und Geist loslassen können. Sowohl körperlich wie geistig öffnen Sie sich durch Gesang, Trommeln und Gespräch. Die Hütte symbolisiert die Gebärmutter der Mutter Erde, das Feuer ist die Saat der männlichen Energie.

### Totempfahl

Der Totempfahl der Indianer stellt die vier Elemente dar. Ihre Reihenfolge ist unterschiedlich. Manchmal ist das Feuer zuoberst, manchmal die Luft abgebildet. Wasser und Erde tauschen ebenfalls häufig die Plätze. Als flüchtigstes Element steht meist das Feuer zuoberst, dann kommen anch unten hin Luft, Wasser und schließlich Erde, welche die anderen drei Elemente trägt.

Der Schamane arbeitet mit Trance, in die er sich durch Nachahmung des Herzschlages von Mutter Erde mit Trommeln und Rasseln versetzen kann. Während der Trancereisen tritt er in Kontakt mit dem Geist der Person (Mensch oder Tier), der es zu helfen gilt, oder mit den Geistern von Krafttieren (Bär, Wolf, Adler usw.). Auf diese Weise erfährt er, welche Zutaten oder Bestandteile er für eine Arznei oder ein magisches Ritual zur Beschwörung der Krankheit zusammenstellen muß. Auch magische Gegenstände, etwa eine mit einem individuellen Symbol bemalte Rassel zur Heilung des Kranken, sieht der Schamane auf solchen Trancereisen.

Die Elemente kehren auch in den Windrichtungen wieder, die den Kreislauf des Lebens verkörpern. Sie werden im Medizinrad dargestellt, einem Steinkreis, in dem jeder Stein seinen Namen und seine Bedeutung hat. Das Medizinrad besteht immer aus 36 Steinen. Siehe Seite 77-81, dort wird die Herstellung eines Medizinrades, einer Rassel und einer Trommel beschrieben. Mehr über Schamanismus finden Sie im Buch über das Element *Feuer*.

## Das Germanische Heidentum

Das germanische Heidentum, eine vorchristliche europäische Religion, wird im Teil über das Element *Luft* beschrieben.

# FESTE ZU EHREN DER ERDE

In der ganzen Welt werden Feste zur Ehren der Mutter Erde gefeiert. Sehr bekannt sind die paganistischen[2] Feste aus der Zeit der Germanen und Kelten. Christliche Feste wie Weihnachten und Ostern leiten sich davon her.
Lange bevor man einen Kalender kannte, gliederten die alten Völker das Jahr in Jahreszeiten, deren Kerne die Aussaat, die Ernte und die Versorgung des Viehbestandes bildeten. Am Ende des Winters, zu Beginn des Frühlings, wenn die ersten Jungtiere geboren wurden und die ersten grünen Sprossen aus der Erde kamen, war es Zeit zu pflügen, zu säen und zu pflanzen.
Zu Beginn des Sommers trieb man das Vieh auf höher gelegene Weiden. Die Menschen feierten ihre eigenen Fruchtbarkeitsriten, wobei lustige Freiluft-Veranstaltungen keine Seltenheit waren. Unbekümmert gab man sich den Genüssen des Essens, Trinkens und der Liebe hin.
Das Ende des Sommers, zu Beginn des Herbstes, war die Zeit der Ernte. Ein Teil des Viehs wurde geschlachtet, der Rest wurde wieder in die tieferen Lagen getrieben. In dieser Zeit wurde auch die Jagd auf das Wild eröffnet.
Am Ende des Herbstes, zu Beginn des Winters, begann eine ruhigere Zeit, in der man sich in Haus und an den Herd zurück zog. Die Äcker konnten nicht mehr bearbeitet werden, die Wintervorräte waren in Kellern und Scheunen eingelagert worden.

Seit wir in unserer westlichen Kultur Gewächshäuser und Supermärkte haben und Gemüse, Fleisch und andere Lebensmittel aus aller Welt importieren und in alle Welt exportieren, erscheint es uns als völlig normal, zu jeder Zeit alles im Überfluß zu bekommen. Die Nahrungsmittel sind einfach da und außer den Menschen, die beruflich mit Essen und Trinken zu tun haben, macht sich der Durchschnittsverbraucher kaum Gedanken darüber, es sei denn über den Preis, den er dafür bezahlen muß. In unserer modernen Konsumgesellschaft dreht sich zwar

alles ums Essen und Trinken, doch die Hintergründe interessieren kaum jemanden. Über die Herkunft der Nahrung, die damit verbundenen alten Bräuche und die Bedeutung der Feste wissen die meisten Menschen nur wenig.
Doch wenn wir uns der uralten Rituale und Bräuche wieder bewußt werden, die mit den Jahresfesten verbunden sind, dann werden wir auch wieder mehr Respekt vor den Geschenken von Mutter Erde und unserem eigenen Leben haben. Wenn ihnen schon das bloße Kochen lästig ist, dann versuchen Sie sich einmal vorzustellen, morgen für alles auf Ihrem Tisch selbst zu sorgen. Selbst säen, selbst ernten, jagen, selbst das Tier schlachten...
Die Feste sind eine Art Kontaktaufnahme zu Mutter Erde und dienen dazu, die Verbundenheit mit ihr zu bestätigen. Wer sich damit intensiv auseinandersetzt wird ganz von selbst gesünder essen und kritischer darauf achten, was sein Körper wirklich braucht.

Alle Feste, die mit Fruchtbarkeit und Schöpfung zu tun haben, zähle ich zu den Erdfesten. Da aber die Natur als Ganzes ein Teil der Schöpfung ist, haben Erdfeste selbstverständlich auch Feuer-, Wasser- und Luft-Aspekte. Ich nenne hier besonders zwei Feste: Samhain und Jul. Diese Feste werden als Erdfeste betrachtet, weil sie in den Winter fallen, die Jahreszeit, die in vielen Traditionen mit der Erde verbunden wird. Weitere Feste finden Sie etwa im Buch über das Element *Feuer*.

## Samhain – Halloween

Samhain (gesprochen: sowwèn) bedeutet im Gälischen *Ende des Sommers*. Moderne Hexen feiern dieses Fest am 31. Oktober als Beginn ihres neuen Jahres. Der Coligny-Kalender, so genannt nach dem Fundort im französischen Ort Coligny, zeigt, daß sich die alten Kelten und Römer in großem Maße gegenseitig beeinflußten. An drei Tagen wird danach das Ende des Sommers gefeiert: in der letzten Nacht des alten Jahres, in der ersten Nacht des neuen Jahres und in der Nacht dazwischen. Samhain ist die Zeit, in der die Schleier zwischen den Welten der Lebenden und Toten nur dünn sind. Das ist auch die Zeit, in der die Geister der Ahnen geehrt wurden, etwa durch Opfergaben oder das Auf-

stellen von Bildnissen der Verstorbenen (heute würde man Fotos dazu nehmen).
Auch das Volk der Feen vergaß man dabei nicht. Feen konnten den Menschen das Leben durchaus schwer machen. Die Menschen trugen daher in dieser Nacht Masken, um die Feen auf falsche Spuren zu bringen. Um das lästige Völkchen sanft zu stimmen, stellte man überall Schälchen mit Milch und anderen Leckereien auf. Hierher rührt womöglich auch der aktuelle Brauch, daß Kinder an Halloween verkleidet von Tür zu Tür gehen, um Süßigkeiten zu erbetteln.

Das Pflügen der Erde sah man früher als Liebesakt, wobei die Erde die Frau war, die sich ebenso launisch zeigen konnte, wie die menschliche Frau. In der griechischen Mythologie was der erste Pflüger Iasion, der geliebte der Demeter. Zeus, der Göttervater, tötete ihn mit einem Blitz, als er hinter die Affäre kam. Die Bauern, die nach Iasion kamen, lernten die Erde zu lieben und bearbeiteten sie mit ihren Pflügen jedes Jahr aufs Neue. Sie begannen die Erde als ihr Eigentum anzusehen.

**Jul – Wintersolstitium – Wintersonnenwende – Winteräquinoktium**

Früher ein Fest, welches zwischen dem 25. Dezember und dem 6. Januar gefeiert wurde und daher auch das Fest der zwölf Nächte genannt wird. Heute feiert man Jul zwischen dem 20. und 22. Dezember.
Die Gebräuche des germanischen Julfestes sind zum großen Teil in das christliche Weihnachtsfest übergegangen, daher weiß man über die alten Bräuche nicht mehr sehr viel.
Die der Julnacht vorangehende Nacht nannte man Mutternacht. Am folgenden Tag feierte man den Geburtstag des Freyr (Frey, Frodil), Gott der Fruchtbarkeit und des Wohlstands.
Die Germanen glaubten, daß die Geister der Verstorbenen in dieser Zeit durch die Lüfte reisten und darum war es eine Zeit der Gruselgeschichten, Traumdeutungen, Wahrsagerei und Zauberei, meist im großen Kreis rund um ein auflodderndes Feuer, welches geheimnisvolle Schatten auf die Gesichter der Anwesenden warf. Jul ist auch die Zeit, in der die Rückkehr

des Sonnenlichtes gefeiert wurde. Man opferte dann den Göttern, um die Fruchtbarkeit der Erde günstig zu beeinflussen.

**Japanische Fruchtbarkeitsfeste**

Mit unseren europäischen Fruchtbarkeitsfesten stehen wir nicht allein in der Welt. Doch ist bei uns durch die Christianisierung ein wichtiger Teil dieser Feste seit Jahrhunderten unterdrückt worden: die Sexualität, die so eng mit Fruchtbarkeit zusammen hängt. Bleibt es hier bei versteckten Spielereien, Küssen hinter Bäumen und heimlichen Tête-a-têtes im Heu, so geht es in anderen Teilen dieser Welt bei Fruchtbarkeitsfesten wesentlich handfester zur Sache. In Japan kennt man beispielsweise die so genannte *Hounen Matsuri* und die *Kanamara Matsuri*, wobei das männliche Glied buchstäblich auf Händen getragen wird.
Der Ort, in dem der Penis ins Licht gerückt wird, heißt Komaki, nördlich von Nagoya, zwischen Tokio und Osaka. Hier findet alljährlich das Fest *Hounen Matsuri*, statt, während dem der Penis von Mann und Frau gehegt, bewundert, gestreichelt und angebetet wird.
Am 15. März begeben sich Zehntausende Menschen in die Stadt, um einen Blick auf den umschwärmten Riesenphallus zu werfen. Auf den ersten Blick erscheint es uns etwas seltsam, so viele Penisse in allen Formen und Größen durch die Straßen ziehen zu sehen, doch der Hintergrund hierfür ist ein religiöser.
*Hounen Matsuri* ist ein 1500 Jahre altes Fruchtbarkeitsfest. Im Shinto-Glauben muß alles, was auf Mutter Erde wachsen soll, zunächst einmal von Vater Himmel befruchtet werden. Früher besuchten lediglich die örtlichen Bauern und Dorfleute die Tempel, um für eine reiche Ernte, eine leichte Geburt und ein gesundes Baby zu beten. Das geschieht zwar auch heute noch, doch kommen die meisten inzwischen wohl des Spektakels wegen und um sich einfach nur ungeniert ins Festgetümmel zu stürzen.
Der Anblick der zahllosen Penisse, die überall in der Stadt Komaki anzutreffen sind, ist eine Lust fürs Auge. Es ist für jeden Geschmack einer dabei, in allen Formen und Größen, zum Ansehen und Anfassen. Am Weg zum Tagata-Tempel, wo der Riesenphallus schließlich aufgestellt wird, stehen auch aus Stein gehauene Penisse mitsamt Hoden, die of-

fenbar derart einladend wirken, daß sie vom vielen Anfassen schon ganz glatt geworden sind. Es ist überhaupt nicht ungewöhnlich, wenn jemand verträumt davor steht und zärtlich die Steinpenisse und -hoden streichelt.
Der Tempel selbst gilt als heiliger Ort, wo der Shinto-Gott Mitoshi-no-Kami und die Göttin Tamahine-no-Mikoto um eine gute Ernte gebeten werden. Die Tempelmauern sind mit phallischen Abbildungen geschmückt, ebenso die umgebenden Zäune, ja sogar die Glocke hat die Form eines Phallus.
Niemand muß am Ende des Festes mit leeren Händen nach Hause gehen. Ein prachtvoller hölzerner Penis macht sich hervorragend auf dem Kaminsims oder als Briefbeschwerer auf dem Schreibtisch der modernen Geschäftsfrau oder des modernen Geschäftsmannes. Leute, die gerne Knabbern, können sich ein phallisches Erdnußschälchen aus Keramik gönnen, Raucher kommen mit einem entsprechenden Aschenbecher aus Holz oder Stein zum Zuge. Und wer das unstillbare Bedürfnis hat, sich oral auszuleben, kann sich eine zuckersüße, prickelnde Rute von gut und gerne 30 cm Länge oder ein ähnlich verführerisches Schokoladenmodell zu Munde führen. Damit erregen Sie mit Sicherheit kein Aufsehen, dort zumindest.

Der Höhepunkt des Festes ist die Penisparade, während der 'The Big One' rund anderthalb Stunden lang in einer fast zwei Kilometer langen Prozession durch die Straßen geschleppt wird. Keine leichte Aufgabe, den das besagte Objekt ist etwa 2,5 Meter lang und wiegt gut 500 Kilogramm. Das Prunkstück wird jedes Jahr neu von Kunimitsu Saiki, einem neunzig Jahre alten Fachmann, aus Zypressenholz geschnitzt. Er übt diese Aufgabe seit seinem 17. Lebensjahr aus. Ob der Phallus ein zwar vergrößertes, sonst aber naturgetreues Abbild seines eigenen Gliedes ist, weiß niemand zu sagen. Womöglich hat er einer verborgenen Phantasie Form verliehen.
Um den Phallus zu tragen, sind zwanzig Männer im Alter von 42 Jahren nötig, die man Yaku Otoko nennt. Die starken Männer brechen fast unter ihrer Last zusammen, doch mit ausreichend Sake schaffen sie es dann doch. Niemanden kann es da verwundern, daß sie sich am Ende

der Zugstrecke kaum noch auf den Beinen halten können. An diesem Tag trinkt jeder Sake und ist mehr als glücklich dabei. Zahllose Fässer, von den örtlichen Honoratioren gespendet, werden zu Beginn des Umzuges mit einem ausschließlich dafür vorgesehenen Hammer geöffnet. Unterwegs schöpft man freigiebig mit großen hölzernen Kellen die Becher voll, die dann an Träger und andere Prozessionsteilnehmer verteilt werden. Das Nationalgetränk Reiswein (Sake) hat eine klare Bedeutung, schließlich ist Reis eines der fünf Getreidearten, die in Japan angebaut werden. Da erscheint es verständlich, daß *Hounen Matsuri* mit derart viel Sake gefeiert wird, um eine gute Ernte zu befördern. Im Umzug hat auch der Reisgott Mitoshi-no-Kami seinen festen Platz. In einem tragbaren Tempel wird sein Standbild der Menge gezeigt.

Des weiteren läuft die lokale Prominenz mit, zahllose Priester und Musikanten, die auf Bambusflöten spielen. Einige Frauen, die mindestens 36 Jahre alt sein müssen, tragen jeweils einen in rotes Papier gewickelten Phallus, dessen Kopf keck aus dem Papier hervorragt. Gierige Hände versuchen diese Phalli zu berühren, denn wem dies gelingt, dem ist ein gesundes Kind sicher.

Nach Beendigung des Umzuges wird der Riesenphallus in einem speziellen Raum des Tempels aufgestellt. Hier wird er den Rest des Jahres bewundert und angebetet. Wer sich eines fruchtbaren Jahres versichern will, muß nur dem Penis die Opfer bringen, die er verdient!

Japan kennt daneben auch *Kanamara Matsuri*, das Fest des stählernen Penis, welches am 15. April in Kawasaki begangen wird. Die Legende, die dahinter steht, erzählt von einem Dämon mit scharfen Zähnen, der sich bequem in der Vagina einer Jungfrau eingenistet hatte. Allen vorwitzigen Penissen, die dort hinein wollten, biß er den Kopf ab, bis ein Penis aus Stahl den Mut hatte, tatkräftig und unerschrocken tief einzudringen und so den Dämon zu verjagen. Nun konnte die Jungfrau endlich schwanger werden und Kinder gebären. Auch während dieses Festes wird ein riesengroßer, knallroter Phallus in einem Umzug durch die Straßen getragen. Die Feierlichkeiten gehen einher mit einem riesigen Freudenfeuer, etlichen Hektolitern geweihtem Sake und der Bewunderung der Millionen Kirschblüten, welche die Straßen in ein zartes Rosa hüllen. Hier nascht man ebenfalls an Lollies in Penisform. Wer es aber lieber gesünder mag, kann an Phalli aus Rettich, Möhren oder Radieschen knabbern. Höhepunkt des Festes ist der Umzug durch die Straßen, der mit lautem Gejohle der Menge und begleitet von rhythmischem Trommeln begleitet wird.

> In den meisten asiatischen Ländern, etwa China und Japan, arbeitet man mit dem Fünf-Elemente-System. Es besteht aus den Elementen Holz, Metall, Erde, Wasser und Feuer.

# ENERGIEN DER ERDE

Daß die Erde zahlreiche Energiepunkte hat, ist bekannt. Im Kapitel *Hintergründe zum Element Erde* habe ich bereits über Parallelen zwischen Erde und Mensch, die Chakren und die Energieknotenpunkte unseres Planeten mit etwa gleicher Funktion, berichtet. Früher kennzeichnete man solche Energieknotenpunkte, die untereinander verbunden sind, mit Steinkreisen und Menhiren.

**Irdisches Energienetzwerk**

Die Erde besitzt ein Netzwerk von Energielinien, die durch Licht, Lärm, Kälte, Wärme, Elektrizität und Magnetismus beeinflusst werden. Die Linien tragen verschiedene Bezeichnungen wie Leylinien, Hartmann-Linien, Curry-Feldlinien oder Erdstrahlen. Alle diese Linien sind eine Folge der Verformung des Planeten.

**Leylinien**

Die Leylinien, auch Drachenwege genannt, wurden 1926 in Großbritannien von Alfred Watkins entdeckt, einem Bierbrauer und Erfinder aus Hereford, während er eines schönen Tages spazieren ging. Als er

von einem erhöhten Punkt aus seinen Blick über die Landschaft schweifen ließ, stellte er zufällig fest, daß alle Kirchen und etliche andere Bauwerke auf einer exakt geraden Linie lagen. Er untersuchte dieses Phänomen genauer und fand heraus, daß es möglich war, von jeder Kirche oder jedem Bauwerk aus das nächste zu sehen und daß sich dies von jedem Punkt aus wiederholte. Watkins nannte seine Verbindungslinien Leylinien, nach den Weilern und Dörfern der Umgebung, deren Bezeichnungen meistens auf *–ley*, *-leigh* oder *–lea* endeten. Diese Linien liegen exakt auf den Bruchlinien der Erde (Brüche in der Erdkruste, aus denen Energie emporsteigt). Genau auf solchen Punkten bzw. entlang solcher Linien sind enorme Energien spürbar und es entstehen häufig Kornkreise oder werden Ufos gesichtet.
Schon zuvor hatte Edward Duke 1846 in seinem Buch *The Druidical Temples* or *Wilts* die Aufmerksamkeit auf eine Linie gelenkt, an der entlang die Steinkreise von Winterbourne Bassett – Avebury – Silbury Hill – Walker's Hill – Casterley Camp und Stonehenge errichtet wurden. Er vermutete eine astronomische Bedeutung dahinter. Der Forscher William Henry Black arbeitete mehr als zwanzig Jahre an seinen Theorien über Energielinien, die er auf seinen Reisen in China, Indien und Europa entdeckt hatte. Auf diesen Orten standen häufig, was kaum verwundert, Kirchen und Schlösser. Aber Black's Theorien stießen auf taube Ohren. Erst 1982 wurden die Energielinien wissenschaftlich anerkannt.

Im Languedoc, einer Gegend im Süden Frankreichs, gibt es zahlreiche solcher Energieorte. Ein solcher Ort ist beispielsweise die alte Katharerburg Queribus. Als mein Mann Jurgen das Kastell im Sommer 2002 zusammen mit einem Freund besuchte und auf eine Plattform kletterte, fühlte er plötzlich wie die Stelle zwischen seinen Augen, die man gewöhnlich das dritte Chakra oder Stirnchakra nennt, zu vibrieren begann, als ob ein umgekehrtes Dreieck sich mit Energie füllt. Seine Haare richteten sich auf, derweil der heftige Wind sie eigentlich in seine Stirn hätte wehen müssen. Das dauerte gut eine Minute. Auch sein Freund stellte sich dann auf diesen Punkt und erlebte dasselbe. Seitdem ist Jurgen in der Lage, Schmerzen weg zu streicheln.

Auch in den Niederlanden gibt es Leylinien. Wenn auch häufig Gebäude darauf stehen, so ist dies aber nicht durchgängig der Fall. Man findet sie auch auf Bergen, im Wald, an heiligen Orten und Hügeln. Übrigens sind viele Kirchen, die nach 1350 erbaut wurden, nicht mehr unbedingt auf solchen Energielinien errichtet. Man empfand es offenbar als nicht mehr notwendig, die Energieknotenpunkte festzustellen, etwas, daß auch heute kaum mehr getan wird.
In der Umgebung von Energieknotenpunkten gibt es häufig auch eine Wasserader, welche die Energie nach oben lenkt. In Gebäuden leiten die Mauern die Energie. Der Mond scheint einen starken Einfluß auf die Leylinien zu haben, denn bei Vollmond ist die Energie um ein Vielfaches stärker als bei Neumond. Bei megalithischen Monumenten wie etwa Stonehenge sind ebenso Leylinien zu finden.

Die Leylinien eignen sich hervorragend für Zeremonien oder zum Aufladen mit Energie bei Abgespanntheit oder Krankheit. Im Internet finden Sie unterschiedliche Seiten, die Orte mit Leylinien verzeichnen.

***Erdstrahlen***

Unter Erdstrahlen werden zumeist negative Strahlungen verstanden, Lecks in den magnetischen Feldern der Erde, die dem Menschen reichlich lästig werden können.
1989 führte die Universität Wien eine Studie durch, in der die Effekte von Erdstrahlen gemessen wurden. Wünschelrutengänger spürten entsprechende Orte auf. Dann verweilten einige Testpersonen dort einige Zeit, während der Pulsschlag, Blutdruck und Blutwerte gemessen wurden. Die Ergebnisse zeigten, daß die Testpersonen tatsächlich beeinflußt und durchaus aus dem Gleichgewicht gebracht wurden. Diese Tatsache kannten die Chinesen schon vor über 3000 Jahren und noch heute nutzen sie diese Energien, etwas im *Feng Shui*. Die Strahlen stammen aus dem magnetischen Kern der Erde und werden über Wasseradern an die Oberfläche geleitet. Dort können sie Störungen wie chro-

nische Kopfschmerzen, Vitaminmangel, Menstruations- oder Schlafprobleme, Depressionen und massive Abgespanntheit hervorrufen.
Eine Methode festzustellen, ob in Ihrer Umgebung Erdstrahlen vorkommen, ist die Beobachtung von Ameisen. Sie laufen vorzugsweise auf den Bahnen von Erdstrahlen. Auch Katzen reagieren stark auf Erdstrahlen. Sie schlafen gern an strahlenden Orten, weil sie sich dort quasi im Schlaf energetisch aufladen. Darum liegen Katzen auch gerne auf Geräten, die Strahlen aussenden, wie Fernsehern oder Computermonitoren.
Eine andere Methode ist das Pendeln. Wenn Sie damit ein wenig Erfahrung haben, können Sie genau feststellen, wo ein Erdstrahl verläuft. Und wenn Ihr Bett darauf steht, dann wissen Sie auch, warum Sie so schlecht schlafen. Am besten räumen Sie das Schlafzimmer um und stellen das Bett woanders hin. Auf den Strahl legen Sie dann einen energetisch gereinigten Bergkristall oder Turmalin. Diese Steine können den Einfluß der Strahlung einigermaßen neutralisieren.

Die Chinesen berücksichtigen sehr wohl die Energie der Leylinien, oder Drachenbahnen, wie sie diese Linien nennen. Das System, nach dem sie schon seit Jahrtausenden arbeiten heißt Feng Shui und ist seit einiger Zeit auch im Westen auf dem Vormarsch. Im *Feng Shui*, frei übersetzt ‚Wind und Wasser', wird auf ein harmonisches Strömen der Energien im Haus geachtet, die einem Muster von neun Flächen folgt. Jede dieser Flächen steht für eine Gebiet, welches mit den inneren Energien korrespondiert, wobei innere und äußere Energien in Einklang gebracht werden müssen. Dabei werden verschiedene Hilfsmittel wie Windspiele, Spiegel, Bäume und Pflanzen verwendet. Auch die Chinesen gehen bei ihrer Einteilung von den Elementen aus, doch ist diese Einteilung eine andere als unsere westliche. Das Feng Shui ist ein sehr brauchbares System der Energieharmonisierung und damit, ein angenehmes Heim zu schaffen.

### *Elfen- und Trolllinien*

Es gibt aber noch andere Linien bzw. Energiebahnen. Sie überziehen die ganze Erde in einem scheinbar rechteckigen Raster. Die Energien

unterscheiden sich sehr stark voneinander und an ihrer Stärke kann man abmessen, um welche Arten von Energien es sich handelt. Das Hartmann-Netz, auch Elfen- oder Trollinien genannt, besteht aus beweglichen, starken und schnell strömenden Energien. Seine Energie können Sie beispielsweise nutzen, um sich vor einer sportlichen Aktivität oder wenn Sie müde aufzuladen.
Das Curry-Netz besteht dagegen aus sanften Energien, die sowohl positiv wie negativ sind und eignet sich ebenfalls, sich daran aufzuladen.
Das Meyer-Netz besteht aus sanften, doch stetig strömender Energie, die man nutzen kann, sich geistig und körperlich aufzupeppen.
Man kann die Energiebahnen in männliche und weibliche, negative und positive einteilen. Daneben gibt es noch Energiespiralen, -quadrate, -dreiecke und -kreise. Am Verhalten von Tieren und an bestimmten Merkmalen an Bäumen und Pflanzen kann man die Art der Energien ablesen. Der gedrehte Stamm eines Baumes oder einer Pflanze zeigt, daß Sie es hier mit einer Spiralenergie (Vortex-Energie) zu tun haben. Für jede Energiebahn gilt, daß sie durch menschliche Aktivitäten beeinflußt werden und so von einer positiven in eine negative Energie umschlagen kann.
Mit Hilfe von Pendeln und Wünschelruten lassen sich die Energielinien aufspüren. Genauere Information darüber finden Sie in Büchern, die sich speziell mit diesen Phänomenen beschäftigen.

**Steinkreise, Menhire und Hünengräber**

Steinkreise aus großen Felsbrocken, Menhire und Dolmen finden sich in großer Zahl über die ganze Welt verteilt.
Die Steinkreise in Irland und Großbritannien lassen sich auf den Zeitraum um 2100-700 v.Chr. datieren, lange vor den Druiden also. Handelt es sich dabei um Begräbnisstätten, Orte für Zeremonien oder Objekte zur Zeitmessung? Vielleicht eine Kombination aus all dem? Wie, rein technisch gesehen, hat man die teils enormen Felsbrocken aufstellen können? Solche Fragen beschäftigen Forscher schon länger. Bislang konnte jedoch niemand schlüssige Antworten darauf geben. Zu bestimmten Zeitpunkten im Jahr etwa steht die auf- bzw. untergehende Sonne exakt zwischen zwei bestimmten Steinen. Daraus leitete man ab, daß die Erbauer mit diesen den Zyklus von Leben und Tod darstellen

wollten, die jeweils durch die aufgehende bzw. untergehende Sonne symbolisiert werden.
Keltische Steinkreise findet man unter anderem bei Castlerigg im nordwestenglischen Lake District, bei Stonehenge in Salisbury, Castle Fraser in Grampian, Penmaenmawr in Wales und in Avebury.
Die Hünengräber in Drenthe und Overijssel in den Niederlanden stammen aus noch älterer Zeit, um 3400-3200 v.Chr. Diese steinernen Gräber wurden aus riesigen Findlingen von Menschen der Trichterbecherkultur errichtet. Darin fand man Relikte aus dieser Zeit wie Trinkbecher, Äxte oder Schmuck aus Kupfer. Man vermutet auch, daß Hünengräber als Grablegung für ganze Sippen dienten, bislang wurden aber keine Skelettreste darin gefunden. Auch in Deutschland, Schweden, Dänemark und Polen sind Hünengräber anzutreffen.
Vor allem im Westen Europas stehen zum Teil mit hunderten von aufrechten Einzelsteinen, Menhire genannt, bestückten Felder aus megalithischer Zeit, so etwa in Carnac, Le Menec und Erdeven in Frankreich.

## Kornkreise

Kornkreise gibt es schon seit jeher. Uralte Texte berichten von geheimnisvollen Mustern im Gras, die man als Werk des Teufels ansah. Seit den 1970er Jahren treten Kornkreise und Piktogramme häufiger auf, seit 1986 auch in den Niederlanden.

Die ersten Muster waren recht simpel, doch in den letzten 10 Jahren wurden sie immer komplizierter. Bislang sind etwa 10.000 Kornkreise dokumentiert und pro Jahr kommen ca. 200 Kreise und Muster in über 30 Ländern dazu. Die meisten wurden in England entdeckt.

Manche Menschen vermuten hinter den Kornkreisen lediglich ein paar verrückte Spaßmacher, denen es Freude macht, anderen Schauer über den Rücken zu jagen. Doch die Cerealogen (Kornkreisforscher) wissen es besser, wenn es auch tatsächlich immer wieder ein paar Spaßvögel gibt, die Kornkreise künstlich fingieren. Tatsächlich sind wohl rund 20-40% der Kornkreise von Menschenhand gemacht. Für den geschulten Blick eines Cerealogen ist es recht leicht, künstliche von echten Kornkreisen zu unterscheiden. Echte Kornkreise bilden perfekte Muster, die aus der sakralen Geometrie schon bekannt sind (s. S. 41). Übrigens tauchen Kornkreise nicht nur in Getreidefeldern auf, sondern auch auf Äckern mit anderen Feldfrüchten, im Sand, im Schnee, auf freien Erdflächen, sogar auf hartem Untergrund.

Dort, wo Kornkreise auftauchten, fand man häufig auch andere Phänomene. Tote Fliegen etwa, die mit Rüssel, Beinen und Flügeln wie angeleimt fest an Pflanzenteilen klebten. Die Konzentration von Magnetit, einem Stoff der aus Meteoriten stammt, die immer wieder in kleineren Mengen auf die Erde stürzen, ist innerhalb solcher Kornkreise um bis zu 700 mal höher als gewöhnlich. Nach vielen Untersuchungen fand man heraus, daß die Samen aus den Ähren im Kornkreis verschwunden waren, obwohl die Spelzen völlig unverletzt erschienen. Übrig gebliebene ausgereifte Samenkörner wuchsen unglaublich schnell heran, noch junge Samenkörner sogar bis zu 5 mal schneller als normal. Mit anderen Worten: Der Wachstumsprozeß war komplett aus dem Gleichgewicht geraten.

Von Kornkreisen geht eine ungeheure Energie aus. Diese Energie kann innerhalb eines Kreises offenbar ebenso heilend wirken, wie sie Kopfschmerzen, Benommenheit und Unwohlsein auslösen kann. Mobiltelephone verweigern die Arbeit. Es ist auch bekannt, daß in Kornkreisen Raum und Zeit eine völlig andere Dimension haben.

Wie und warum die Kreise entstanden, ist lange völlig schleierhaft gewesen. Das ändert sich gerade. In der Umgebung von Kornkreisen konnten immer wieder schwebende Lichtkugeln gesichtet und auch fotografiert werden. Sie scheinen in enger Beziehung zu den Kreisen zu stehen. Auf dem Video *Contact*, aufgenommen von dem Kornkreisforscher Bert Janssen, sieht man solche Lichtkugeln über einem Kornfeld auf und nieder tanzen. Darunter beginnt sich das Getreide in den typischen Mustern nieder zu legen.

Es scheint auch eine enge Beziehung zwischen diesen Lichtkugeln und dem Menschen zu geben. Manche Zeugen erklärten, nachdem sie über ein bestimmtes Symbol meditiert hätten, sei dieses Muster im Korn aufgetaucht. Können wir selbst also Energie bündeln und gezielt steuern? Möglich ist das. Mutter Erde ist sicher selbst in der Lage, solche Kreise zu produzieren, womöglich mit Hilfe der Energien aus den Leylinien. Doch scheint die Energie eher von außen als von innen zu kommen.

Der britische Meteorologe Terence Meaden behauptete, die Kornkreise entstünden aufgrund einer Plasma-Vortex, einer atmosphärischen Störung, die man sich als einen Energiestrudel vorstellen kann. Durch diese Störung bilde sich ein Energieball, ähnlich einem Blitzstrahl, der das Getreide platt drücke, ohne es direkt zu berühren. Es wird auch vermutet, daß eine außerirdische Intelligenz auf diese Weise versucht, Botschaften zu überbringen, die wir Menschen allerdings noch nicht recht verstehen können.

Es gibt auch Gerüchte, daß Kornkreise eine Methode sind, mit der außerirdische Kräfte die Erde mit Zusatzenergie versorgen. Solange wir nicht wissen, was wirklich dahinter steckt, bleibt dies alles jedoch Kaffeesatzleserei.

Rudi Klijnstra, Fotograf, Autor und Kornkreisforscher, vertritt die These, daß die Lichtkugeln Elementarwesen seien. Er nennt sie auch Elfenlichter und die Kreise dementsprechend Elfenkreise. Ich selbst finde diese Theorie sehr schön und ansprechend.

Die geometrischen Muster der Kornkreise stimmen nachdenklich. Sie werden immer komplizierter und sind zwischenzeitlich derart genial konzipiert, daß, wenn auch nur eine Linie falsch gezogen würde, das Ganze nicht mehr funktioniert. Solche Figuren mit einem Brett, Seil oder Stock nachzuahmen, fällt immer schwerer. Werden die Muster deshalb so kompliziert, um möglichen Nachahmern das Handwerk zu legen und damit eine wichtige Botschaft übermitteln zu können? Hoffentlich wird auf diese Frage bald eine Antwort gefunden.

## Das Pentagramm und die Mysterien

Das Pentagramm, ein fünfeckiges Symbol, das unter anderem auch von Paganisten benutzt wird, ist seit Tausenden von Jahren bekannt. In vielen, wenn nicht gar allen Mysterienschulen wird es verwendet und es findet sich in allen Religionen und allen Formen esoterischen Wissens. Die alten Völker verstanden das Pentagramm als geistiges Tor zum Kosmos, ein Grund, warum viele Menschen auch heute noch über dieses Symbol meditieren und im Hexenkreis als Schutz bei magischen Ritualen verwenden. Das Pentagramm kommt auch im Tarot[3] vor, einem Kartenspiel, welches man als Buch des Lebens betrachten kann.

Das Pentagramm in einem Kreis wird Pentakel genannt. Das Pentakel ist auch das Herzstück eines (Hexen)Altars und das Symbol für alle fünf Elemente. Jede Spitze des Pentakels korrespondiert mit einem Element. Auf dem Altar werden die Elemente miteinander ins Gleichgewicht gebracht.

Beim Ziehen des Hexenkreises, den viele Hexen zum Schutz bei einem Ritual um sich ziehen, werden Pentagramme in die Luft gezeichnet.

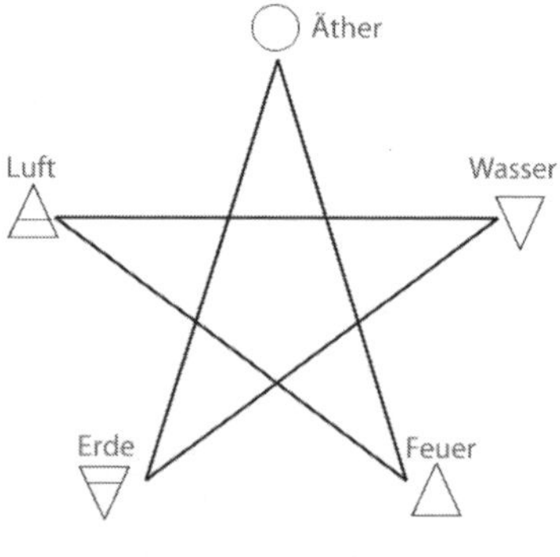

Durch den Kontakt mit 'oben' wird man auch für bestimmte unerwünschte astrale Einflüsse empfindlich und verletzbar. Der Kreis aus Energie soll davor schützen. Bei jedem größeren Ritual wir im Kreis ein beschwörendes Pentagramm in jede Windrichtung gezeichnet und ein abschließendes Pentagramm beim Aufheben des Kreises.
Die gesamt sakrale Geometrie findet man in der Hexerei ebenso wie in verwandten neopaganistischen Strömungen. Die Gründe für den Gebrauch dieser Symbole scheinen auf geheimes Wissen zu deuten, welches Antworten auf die großes Lebensfragen gibt, die jeder Mensch hat. Es ist bemerkenswert, daß die neopaganistischen Strömungen allesamt in Großbritannien entstanden sind, wo die Erd-Energien sich sehr konzentrieren. Hat das womöglich damit zu tun, daß England eine Insel ist? Dieses keltische Stück Erde ist besonders reich an Leylinien und jedes Jahr entstehen dort viele Kornkreise. Das sich darin, ähnlich wie in Mandalas, immer wieder das Pentagramm verbirgt, ist sicher kein Zufall.

### Sakrale Geometrie und der Goldene Schnitt

Sakrale Geometrie ist Geometrie, die sich an bestimmten natürlichen Verhältnissen orientiert. Diese Verhältnisse sind überall im Kosmos und auf der Erde wieder zu finden. Beispiele sind der Goldene Schnitt und die Zahl Pi. Die Relationen des Goldenen Schnitts verkörpern die ultimativen natürlichen Verhältnisse. Der Mund eines Menschen ist beispielsweise bei einer wohlproportionierten Person immer 1,681mal so breit wie die Nase. 1,681 ist hier die Relation des Goldenen Schnitts. Alles was wir schön finden, entspricht in der Regel diesem Verhältnis. Der Goldene Schnitt wird auch in der Baukunst angewendet. Das bewirkt, daß wir so gestaltete Gebäude als ‚natürlich' ansehen. Was nicht dem Goldenen Schnitt entspricht , empfinden unsere Augen als weniger schön oder gar häßlich.

Das Pentagramm steht mit der Ziffer 5 in Verbindung und verbildlicht in der Figur des Menschen den so genannten Goldenen Schnitt. Auf diese Weise steht das Pentagramm in Verbindung mit der gesamten Schöpfung, denn auch auf die Gestalt von Tieren und Pflanzen läßt sich der Goldene Schnitt anwenden.

Die Zahl 5 wird mit dem Mars assoziiert, einem Planeten, der im Positiven wie im Negativen eine ungeheure Energie symbolisiert. Das greift auf die hermetischen Schriften des Hermes Trismegistos zurück, der, wie im Band über das Element Luft nachzulesen, mit dem ägyptischen Gott der Weisheit und der Schrift Thot gleichgesetzt wird.

Das Pentagramm ist das Symbol für den Menschen, den Mikrokosmos, aber auch für das Universum, den Makrokosmos. Der Geist herrscht über die Materie. 'Wie oben, so unten' ist ein Kernsatz, der Ihnen im Leben auf vielfache Weise immer wieder begegnet. Die spirituelle Weisheit, die dieser Satz enthält, ist enorm. Wenn sich Ihre Augen dafür geöffnet haben, erleben Sie die Welt jenseits der Welt.

Auch die Chaldäer aus dem mesopotamischen Ur verwendeten schon vor rund 3500 Jahren das Pentagramm. Sie waren Meister in der Sterndeutung. Im Judentum symbolisiert das Pentagramm die Thora (und die ersten fünf Bücher des Alten Testaments). Wahrscheinlich stand es auch Modell für den Buchstaben Alpha im griechischen Alphabet. Tatsächlich gibt es Pentagramme auch in natürlichen Landschaften. Henry Lincoln untersuchte verschiedene Gegenden, u.a. bei Rennes-le-Château in Frankreich, wo ein Pentagramm verschiedene Orte miteinander verbindet. Ähnliches ist bei Sedona in Arizona/USA zu finden.

Wenn Sie einen Apfel quer aufschneiden, dann sehen Sie das Kerngehäuse einen fünfzackigen Stern bilden, ein Pentagramm. Der Apfel wird dem Baum der Erkenntnis zugeordnet und der Göttin Persephone (Kore), die in der Unterwelt gefangen war.

Wenn Manchem das auch zu weit geht, können wir das Pentagramm sogar mit dem Gedanken in Verbindung bringen, daß wir selbst womöglich in der Unterwelt leben. Dazu erfahren Sie mehr im Buch über das Element Feuer. Jedenfalls gibt es immer mehr Menschen, die davon überzeugt sind, daß die Menschheit am Ende der Zeiten in eine andere, ätherische Lebensform übergeht, die Oberwelt.

Dieses Ende der Zeiten ist nach den Voraussagen der Maya und anderer Überlieferungen fast erreicht und soll am 21. Dezember 2012 stattfinden. Die Alten waren davon überzeugt, daß das Pentagramm eine Pforte zur anderen Welt ist. Kann dieses Symbol uns vielleicht retten? Die Zeit wird es uns lehren...

# ERDE IN DER ASTROLOGIE

Das Element Erde gehört zu den Tierkreiszeichen Stier, Jungfrau und Steinbock, zum 2., 6. und 10. Haus. In der Astrologie gibt es 12 Häuser, oder auch Lebensgebiete, die mit den Tierkreiszeichen, Elementen und Planeten in Verbindung stehen. Jedes Zeichen gehört zu einem bestimmten Haus und zu einem bestimmten Planeten. Die Planeten und Häuser werden in dieser kleinen Elemente-Reihe nur kurz behandeln.

**Stier**
Erdzeichen, regiert vom Planeten Venus
Tag: Freitag
Magische Wirkung: Wachstum, Friede, persönliche Finanzangelegenheiten, Besitztümer, Poesie, Liebe, Fruchtbarkeit und Musik, stärkt das Selbstwertgefühl, Sicherheit, Rückhalt
Stein: Saphir, Smaragd, Malachit, Achat, Aventurin, Rosenquarz
Kräuter: Minze, Thymian
Öle: Ylang-Ylang, Sandelholz, Rose, Lavendel
Metall: Kupfer
Farbe: rosa, grasgrün
Körperteil: Hals
Besonders empfindlich für: Hals-, Nasen- und Ohrenbeschwerden, Nackenschmerzen

*Sonne in Stier (20. April-20. Mai)*
Sie finden es herrlich, für Ihre Anstrengungen belohnt zu werden. Ihnen geht es weniger ums Spiel, als ums Gewinnen. Venus, die dieses Zeichen regiert, gibt Ihnen den Sinn für Schönheit und Bequemlichkeit. Stier gehört zum 2. Haus, dem Gebiet, welches für Besitz steht. Sie lieben es, sich mit Komfort jeder Art zu umgeben und ergo ist Ihre Wohnung mit vielen Kunstwerken geschmackvoll eingerichtet. Sie sind geradezu verrückt auf die Freuden des Lebens und ebenso wie das Feuerzeichen Löwe finden Sie immer wieder eine Möglichkeit, diese zu ge-

nießen. Essen und Trinken, vorzugsweise der traditionellen, schweren französischen Küche, die Auge und Gaumen schmeichelt, gilt Ihr Interesse. Auch die Musik schätzen Sie sehr und vermutlich sind Sie sogar mit gewissen musikalischen Talenten gesegnet.
Weil Sie so sehr hergebrachten Strukturen verhaftet sind, können Sie mit Neuigkeiten oder unvorhergesehenen Geschehnissen nur schlecht umgehen. Eine neue Arbeitsstelle, eine neue Urlaubsadresse oder ein Umzug sind Dinge, die Ihnen gar nicht behagen. Im Gegenteil: Sie geraten dadurch völlig aus dem Tritt und es dauert eine ganze Weile, bis Sie sich wieder eingewöhnt haben. Haben Sie Ihren Platz erst einmal gefunden, dann sind Sie da von nichts und niemandem wieder weg zu bekommen und Sie halten sich mit Klauen und Zähnen dort fest, wo Sie nicht wieder weg möchten. Auf den geringsten Versuch, Sie von dort weg zu locken, reagieren Sie wie ein Kampfstier auf das rote Tuch. Geld finden Sie ausgesprochen angenehm, besonders, weil es Ihnen ein Gefühl der Sicherheit und Geborgenheit gibt. Negative Eigenschaften: gierig, eifersüchtig, raffgierig.

*Aszendent Stier*
Man erkennt Sie direkt an Ihrer ruhigen und bedächtigen Art. Geduld und Beharrlichkeit sind Ihre typischen Eigenschaften. Sie sind sachlich und standhaft und strahlen das auch aus.
Es hat überhaupt keinen Sinn, Sie zur Eile anzutreiben. Sie haben Ihr eigenes Tempo und können reichlich dickköpfig reagieren, wenn jemand meint, Ihnen Beine machen zu müssen. Das kann dazu führen, daß Sie es noch langsamer angehen lassen, doch liegt es vor allem daran, daß Sie sich sicher sein wollen, alles so gründlich wie möglich erledigt zu haben. Sie hören mit der Arbeit erst auf, wenn das Ziel erreicht ist, wenn es auch noch so lange dauert und noch so mühsam ist. Sie sind unbestreitbar sehr charmant und haben großen Sinn für Humor. Sie kleiden sich gut und sorgfältig, sind gepflegt und haben in aller Regel ein schickes Äußeres. Das ist Ihnen wichtig, um gut über den Tag zu kommen. Sie haben eine freundliche und sanftmütige Ausstrahlung.

*Mond in Stier*

Sie haben ein ausgeprägtes Bedürfnis nach Sicherheit und Geborgenheit. Sie sind standfest, gefühlsbetont, träge, geduldig, dickköpfig und manchmal ein wenig konservativ. Nahrungsaufnahme ist für Sie ein emotional bestimmter Vorgang. Sie essen schwer, wenn Sie Trost brauchen, aber wenn Sie fröhlich sind, dann reicht Ihnen auch ein leichter Salat. Dabei kann ein Gericht Ihnen schon durch sein gutes Aussehen die Laune verbessern.

Sie ergreifen lieber nicht die Initiative und treffen auch ungern Entscheidungen. Sie sind eher ein Nachläufer. Manchmal neigen Sie zu übertriebenem Festhalten an altmodischen Auffassungen. In der Regel sind Sie recht stabil und nicht schnell von etwas abzubringen. Mit Ihrer unbeirrbaren und ruhigen Handlungsweise sind Sie für viele der Fels in der Brandung. Besitz macht Sie zufrieden, insbesondere, wenn alles gut geregelt ist. Ein eigenes Haus, vor allem, wenn es komfortabel eingerichtet ist, kann für Sie das höchste Vergnügen sein. Musik, besonders der Gesang, verschafft Ihnen höchste emotionale Befriedigung. Dadurch verschwinden alle Probleme, so denn welche da sind, wie Schnee in der Sonne.

Negativ: Sie legen übermäßigen Wert auf Sicherheit. Das ist sowohl Ihre Stärke als auch Ihre Schwäche. Das hat mit Ihrem Selbstwertgefühl zu tun. Wahrscheinlich haben Sie viel Geld auf verschiedenen Sparkonten deponiert oder im altbekannten Sparstrumpf unter der Matratze versteckt. Zusätzlich haben Sie noch Versicherungen gegen Alles und sonstige Besitztümer. Diese Überabsicherung kann sich negativ auf Ihre Kommunikation mit anderen auswirken. Sie neigen zu Geiz, erheben Anspruch auf alles Mögliche, sind neidisch und gehen womöglich Bekanntschaften nur ein, weil sie Ihnen vielleicht später noch nützlich sein können.

**Jungfrau**

Erdzeichen, regiert durch Merkur

Tag: Mittwoch

Magische Wirkung: Gesundheit, Arbeit, Arbeit im Garten

Stein: Chalzedon, Tigerauge, Granat, Karneol, Bernstein, Zitrin, Lapislazuli, Amethyst

Kräuter und Gewürze: Lavendel, Zitronengras, Pfefferminze, Thymian, Kümmel
Öle: Zitronenmelisse, Thymian
Metall: Quecksilber
Farbe: beige, hellbraun, mausgrau
Körperteil: Eingeweide, Dünndarm
Besonders empfindlich für: falsche Ernährung, Verdauung, Magenschmerzen, Verstopfungen im Dünndarm oder Durchfall (möglicherweise, weil Sie eine Situation nicht verdauen können). Achten Sie auf Ihre Eßgewohnheiten.

*Sonne in Jungfrau (23. August-22. September)*
Die Jungfrau, oft mit einer Getreideähre in der Hand abgebildet, ist das Zeichen, welches alles erntet, aufräumt und ordnet. Sie sind also gut gerüstet, die Spreu vom Weizen zu trennen, auf welchem Gebiet auch immer. Allerdings können Sie derart genau sein, daß es schon in Kleinlichkeit ausarten kann.
Unordnung wirft Sie auf Dauer aus der Bahn. Jedes Ding in Ihrem Haus hat daher seinen festen Platz. Alles, was mit Gesundheit zu tun hat, finden Sie interessant. Um Ihre eigene Gesundheit machen Sie sich derartig Sorgen, daß Sie schon hypochondrische Züge aufweisen. In allem, was Sie tun, gehen Sie sehr genau und mit einem Hang zum Perfektionismus zu Werk. Möglicherweise sind Sie etwas neurotisch und nervös veranlagt, daß macht jedoch weiter keine Probleme, solange Sie sich in Ihrer Haut wohl fühlen. Sicherheit ist sehr wichtig für Sie, genau wie bei allen anderen Erdzeichen auch.
Sie haben ein scharfes Auge für Details und können präzise analysieren und urteilen, aber auch verurteilen.
Sie sind ein harter und verläßlicher Arbeiter. Sie sind ein As, wenn es um das Versorgen Kranker geht oder wenn andere Ihren Rat in Gesundheitsfragen brauchen.

*Aszendent Jungfrau*
Sie sind top gepflegt, lieben Markenkleidung und haben ein adrettes Äußeres. Mit Jungfrau als Aszendent neigen Sie dazu, alles fein säuber-

lich zu ordnen. Sie sind ein Perfektionist, was vor allem bei Ihrer Arbeit zum Tragen kommt. Im Allgemeinen sind Sie ein ruhiger Zeitgenosse und erscheinen womöglich etwas unterkühlt und reserviert. Sie warten erst einmal ab, wo der Hase längs läuft. Sie können geradezu fanatisch viel Zeit mit Detailfragen und Bagatellen vertun, was vielen ohne Nutzwert erscheint. Manchmal ist das ja ganz hilfreich, weil Sie so Dinge sehen, die anderen entgehen, doch häufig ist es für Ihre Kollegen oder Mitbewohner aber einfach nur ärgerlich, da Sie mehr von ihrer Zeit belegen, als es nötig tut. Manchmal stellen Sie sich so pingelig an, daß Sie anderen damit nur noch auf die Nerven gehen, besonders wenn es um Hygiene, Gesundheit oder um Arbeitsangelegenheiten geht. Zuweilen wirken Sie sogar neurotisch. Magisches Denken ist etwas für Sie: 'Wenn ich dreimal meinen Wecker stelle, dann wird sicher nichts passieren' oder 'Wenn ich dreimal den Wasserhahn auf und zu drehe, wird heute alles gut gehen'.
Was Sie tun, tun Sie sehr systematisch und überblicken dabei gerne alles. Sie haben einen festen Rhythmus, der Ihnen Sicherheit gibt und freuen sich nicht gerade über unvorhergesehene Geschehnisse. Diese können Sie, genau wie bei Stier Aszendent, komplett aus der Bahn werfen.

*Mond in Jungfrau*

Sie fühlen sich am wohlsten, wenn Sie alles ordentlich auf die Reihe gebracht haben. Sie sind seriös, nett, sauber, ein echter Gesundheitsfreak, perfektionistisch, schüchtern und doch sehr kritisch, auch sich selbst gegenüber. Und Sie können höchst beharrlich noch die feinsten Haare spalten. Sie haben einen verfeinerten Geschmack, doch daher mögen Sie auch vieles nicht. Sie hassen Unordnung, darin fühlen Sie sich einfach nicht wohl. Selbst bei anderen können Sie den Drang aufzuräumen kaum unterdrücken. Zweimal am Tag (am liebsten dreimal) zu duschen ist für Sie völlig normal, denn Sie kommen gern frisch und sauber durch den Tag. In Ihrem Badezimmer stehen zahllose Püderchen, Sälbchen, Düfte und sonstige Tiegelchen und Fläschchen. Kaum etwas versetzt Sie in solche Hochstimmung wie diese Dinge. Manchmal sind Sie etwas zu ernsthaft im Umgang mit bestimmten Unternehmungen. Ihr Hang zum Perfektionismus macht es Ihnen auch nicht

unbedingt leichter. Sie brauchen Ordnung und Regeln. Sie neigen zum Grübeln. Sie kritisieren gerne andere, können aber selbst schlecht mit Kritik umgehen. Durch Ihre kritische Haltung neigen Sie dazu, Menschen in eine bestimmte Ecke zu stellen und Ihnen ein bestimmtes Etikett zu verpassen. Und davon kommen die so behandelten Menschen kaum wieder los. Alles muß seinen festen Platz haben.
Sie können zu einer Kontrollhaltung neigen. Aus Angst, Fehler zu begehen und aus Unsicherheit, projizieren Sie die kritische Haltung sich selbst gegenüber gern auch auf andere und erscheinen dadurch häufig kleinkariert und widerborstig.

### Steinbock

Erdzeichen, regiert durch Saturn
Tag: Samstag
Magische Wirkung: Abwehr, Arbeit, Karriere, Leumund, Entwicklung von Verantwortungsbewußtsein, Sicherheiten, Grenzen, Regeln und Gesetze
Stein: Bergkristall, Hämatit, Obsidian, schwarze Perle, Diamant, Rauchquartz, Onyx
Kräuter und Gewürze: schwarzer Pfeffer, Wacholderbeere
Öle: Patchouli, Vetiver
Metall: Blei
Farbe: schwarz, dunkelgrau, dunkelgrün, braun
Körperteil: Knie, Haut, Knochen, Gelenke, Zähne, Nägel
Besonders empfindlich für: Ekzeme, Brüche, Bandscheibenvorfall, Gelenkbeschwerden, Rheuma, Vergreisung, Muskelverspannungen, Glatzköpfigkeit, Osteroporose, Arterienverkalkung, Nieren- und Gallensteine

*Sonne im Steinbock (22. Dezember-19. Januar)*

Als Steinbock zählen Sie zu den ernsthaftesten der Tierkreiszeichen. Wenn auch zuweilen ein Spätentwickler, so sind Sie doch ein Typ, der knallhart und beständig an seiner Karriere arbeitet. Kein Berg ist Ihnen zu hoch, um das erträumte Ziel zu erreichen. Sie klettern einfach bis oben hin. Vertrauensfragen nehmen Sie außerordentlich ernst. Der Umgang mit Geld fasziniert Sie derart, daß Sie eine Tätigkeit als Finanzbeamter im Steuerdienst oder bei einer Bank bevorzugen, wo Sie täglich die Kursentwicklungen an den Börsen verfolgen können. Sie sind praktisch veranlagt, etwas schüchtern, introvertiert, ein Einzelgänger, seriös, rigide, durchaus ambitioniert, reichlich konservativ und selbstbeherrscht. Sie haben ein ausgeprägtes Verantwortungsbewußtsein. Eine schlechte Eigenschaft ist Ihre potentielle Gier. Mit spirituellen Fragen kommen Sie überhaupt nicht zurecht, besonders, wenn Sie jemandem begegnen, der ein wenig abgehoben erscheint. Ihr Partner wird es nicht leicht haben, an Sie heranzukommen, weil Sie sehr distanziert sind und derart mit eigenen Angelegenheiten beschäftigt sind, daß einfach kein Platz für jemand anderen in Ihrem Leben ist.

*Aszendent Steinbock*
Seriös, ambitioniert, sachlich, traditionell, pedantisch und distanziert: Das sind Eigenschaften, die den Steinbock-Aszendenten nicht besonders beliebt machen, denn damit erscheinen Sie wesentlich älter bzw. altmodischer, als Sie wirklich sind. Im schlechtesten Fall wirken Sie kalt und unnahbar, vielleicht sogar gefühllos. Doch bewirkt Ihr ausgeprägter Sinn für Humor, wobei Sie ohne Probleme über sich selbst lachen können, daß man Sie nach einer Weile schätzen lernt. Sie haben ein derart ausgeprägtes Pflichtbewußtsein, daß andere Sie manchmal als Arbeitstier und Workaholic oder gar als Arschkriecher kritisieren. Das trifft allerdings in keiner Weise zu. Der Steinbock-Aszendent glaubt einzig und allein an harte Arbeit als Mittel zum Erreichen eines Ziels. Sie ignorieren Ihre eigenen Gefühle und vernachlässigen Ihre emotionalen Bedürfnisse bei Ihrem Hang nach mehr, größer und besser. Materiell wird sich das allerdings auszahlen.

*Mond in Steinbock*
Ein gute gesellschaftliche Stellung ist für Sie sehr wichtig, ohne die Sie sich verloren fühlen und meinen, versagt zu haben. Sie stellen sich jeder Herausforderung und tun, was zu tun ist. Sie glauben, niemanden zu brauchen und es besser allein zu können. Oder Sie sind einfach zu schüchtern, um jemanden um Hilfe zu bitten. Da Sie sehr verschlossen sind, fällt es Ihnen schwer, mit anderen in Kontakt zu kommen. Auch Schuldgefühle und

Versagensängste sind für Sie typisch. Sie haben ein großes Sicherheitsbedürfnis und fühlen sich innerhalb fester Regeln und Traditionen am wohlsten. In negativer Sicht können Sie karg, trübsinnig, launisch und depressiv sein. Sie neigen sehr zu depressivem Verhalten.

## Die Häuser des Elements Erde

Ein Tierkreiszeichen ‚wohnt' in einem bestimmten Gebiet, welches mehr Aufschluß über seine Verhältnisse geben kann. In der Astrologie werden diese Gebiete Häuser genannt.

*Das 2. Haus* – Reichtum, Besitz, materielle Sicherheit.
*Das 6. Haus* – Gesundheit, Arbeit, Dienstbarkeit, Ernährung.
*Das 10. Haus* – Zukunft, Ambitionen, gesellschaftliche Position, Status, Autoritäten.

## Planeten und Erde

Die Häuser und Tierkreiszeichen werden durch bestimmte Planeten regiert. Ihre Eigenschaften finden sich auch in den Elementen wieder. Die komplette Übersicht finden Sie im Anhang unter dem Titel *Korrespondenzen zur Astrologie.*

*Venus:* verbunden mit Stier und Waage; Planet der Schönheit, Liebe, Kunst und Harmonie.
*Merkur:* verbunden mit Jungfrau und Zwillinge; Planet der Kommunikation, des Wissens und der Schrift.
*Saturn:* verbunden mit Steinbock; Planet der Struktur, Grenzen und des Verantwortungsbewußtseins.

## Wenig oder keine Erde

Es ist gut möglich, daß in Ihrem Horoskop das Element Erde nicht oder nur wenig vertreten ist. Das kann bedeuten, daß Sie nicht sonderlich praktisch veranlagt sind und viel Mühe haben, die Dinge sachlich nüchtern anzugehen. In schwierigen Phasen fehlt Ihnen wahrscheinlich die Verbindung zum eigenen Körper und wenn Sie krank sind, fällt es Ihnen schwer zu spüren, was Ihnen zur Genesung gut täte und Ihnen

helfen würde, die nötige Balance wieder herzustellen. Womöglich neigen Sie auch zu Abgehobenheit und unrealistischem Verhalten. Strukturen und Verantwortungsbewußtsein sind nicht unbedingt Ihre Sache, auch nicht das Einhalten von Absprachen. Sie grenzen sich nur schwer gegen andere ab und sind leicht zu beeinflussen. Dadurch wirken Sie wechselhaft und wenig vertrauenswürdig. Es wäre vorteilhaft für Sie, mehr Struktur in Ihr Leben zu bringen, auch wenn es Ihnen sicherlich zu Beginn schwer fallen wird.
Die Erde-Übungen auf den Seiten 54 ff) können Ihnen helfen, Grund unter die Füße zu bekommen.

## Viel Erde

Ein großer Anteil an Erdezeichen in Ihrem Horoskop kann in schwierigen Phasen dazu führen, daß Sie sich in eingefahrenen Denkmustern festfahren und rigide Standpunkte einnehmen, in denen kein Platz für Gefühle, Analysen oder Begeisterung ist, je nach dem, welche anderen Elemente vorhanden oder nicht vorhanden sind.

*Erde*

+ solide, vertrauenswürdig, praktisch, kann sich durchsetzen, zielgerichtet, verantwortungsbewußt, strukturiert
– materialistisch, starr, dickköpfig, unnachgiebig, konservativ, phantasielos, pessimistisch

*Feuer*

+ freut sich des Lebens, begeisterungsfähig, leidenschaftlich, heiter, voller Selbstvertrauen, optimistisch, temperamentvoll, fleißig, tatkräftig, kreativ, abenteuerlustig, unternehmungslustig, herzlich
– aufbrausend, übertreibend, snobistisch, jähzornig, fanatisch, ungeduldig, egozentrisch, bringt nichts zu Ende, leichtsinnig, schroff

*Wasser*

+ emotional, phantasievoll, feinfühlig, kreativ, aufgeschlossen, spirituell, mystisch

- sentimental, lamentierend, launisch, psychotisch, nervös, weinerlich, fühlt sich als Opfer, abhängig (sowohl von Menschen als auch von z.B. Suchtmitteln)

*Luft*

+ kommunikativ, sozial, unbekümmert, analytisch, philosophisch, originell, intellektuell, neugierig, erforschend, theoretisch, rational
- übertrieben theoretisch, übertrieben analytisch, rationalisierend, neigt zum Kontrollzwang, neurotisch, gefühllos

**Konstellation von Sonne, Mond und Aszendent**

Welche Art Mensch Sie sind, eher ein Feuer-, Erde-, Luft-, oder Wasser-Typ oder eine Kombination davon, können Sie anhand der Konstellation von Sonne, Mond und Aszendent in Ihrem Geburtshoroskop erkennen. In der folgenden Tabelle können Sie Ihre Kombinationen heraussuchen. Wenn Ihr Mond in einem Wasserzeichen steht, Ihr Aszendent in einem Feuerzeichen und Ihre Sonne (das ist die Bezeichnung Ihres Tierkreiszeichens) in einem Luftzeichen, dann können Sie der Tabelle die positiven und negativen Eigenschaften der Kombination Luft – Wasser – Feuer entnehmen.

Den Mond finde ich derart faszinierend, daß ich darüber bereits ein Buch geschrieben habe: Das magische Buch vom Mond. Wenn Sie mehr über den Mond in den Tierkreiszeichen und über die Häuser Ihres Geburtshoroskop wissen möchten, dann schlagen Sie in den Ephemeriden nach. Es gibt im Internet auch Programme, mit deren Hilfe Sie herausfinden können, wo Ihr Mond und Ihr Aszendent im Geburtshoroskop stehen. Wer sich intensiver mit Astrologie auseinandersetzen möchte sei auf die umfangreiche Fachliteratur verwiesen. Ein Besuch bei einem anerkannten Astrologen kann Ihnen ebenfalls helfen, mehr über sich zu erfahren.

Wenn auch die anderen Planeten ebenso wichtig sind, so geben Sonne, Aszendent und Mond Ihnen doch einen wesentlichen Einblick, wer und was Sie sind (Sonne), wie es sich mit Ihren Emotionen verhält (Mond) und wie Sie sich verhalten (Aszendent). Der Aszendent ist das Tierkreiszeichen, welches am östlichen Horizont zum Zeitpunkt der Geburt aufsteigt.

## Tabelle: Einfluß der Elementeverteilung im Geburtshoroskop

Sonne | Mond | Aszendent

| | | |
|---|---|---|
|  | + | Rational, iridsch, ruhig, Durchsetzungsvermögen. |
| | – | Passive, abwartende Haltung. |
|  | + | Relativierungsvermögen. |
| | – | Sie können sehr kühl, kantig und distanziert erscheinen. |
|  | + | Direkt und ruhig; Sie gehen den rationalen Weg. Feuer gibt Ihnen mehr Energie und Begeisterung. |
| | – | Begeisterung ebbt schnelle wieder ab. |
|  | + | Ausgeprägtes Durchsetzungsvermögen, auch wenn es eher zögerlich vorangeht. |
| | – | Sehr träge und abwartend. Langweilig. Ergreift selten die Initiative. Dringend ist hier eine Enterdung nötig!. |
|  | + | Emotionen können sich schnell ändern, glücklicherweise bringt das Element Erde etwas Ruhe ins Spiel. |
| | – | Zuviel Wasser sorgt für Schlamm, buchstäblich äußert sich das im ‚Verwässern' von etwas. |
|  | + | Rational, durchsetzungskräftig und analytisch. |
| | – | Feuer fehlt, darum wenig Energie. |
|  | + | Das Analytische der Luft ergreift buchstäblich die Flucht. Erde bringt hier wieder etwas Grund hinein. Luftschlösser sind zwar schön, müssen aber erst einmal real erbaut werden. |
| | – | Zu theoretisch, weit weg von jedem Gefühl. |
|  | + | Analytisches Vermögen, kombiniert mit Rationalität und einem Spritzer Sehnsucht. |
| | – | Emotionen und Einfühlungsvermögen können etwas ins Hintertreffen geraten. |
|  | + | Umtriebig, feurig, mit einem Hauch Rationalität: Ihr entflammbarer Geist kann gezügelt werden. Diese Kombination kann großen Plänen Gestalt verleihen |
| | – | Leichtigkeit und Gefühle (Wasser) sind nötig, um die Heftigkeit abzumildern. |
|  | + | Sachlich und ruhig, praktisch, kreativ, begeistert, fröhlich und einfühlsam. |
| | – | Schwierigkeiten mit der Theorie und der Konkretisierung. |

# HARMONIE FINDEN MIT DEM ELEMENT ERDE

Jedes Element ist in Ihrem Körper gegenwärtig. Es ist aber sehr selten, daß sie alle gleichmäßig verteilt sind. In Ihrem Geburtshoroskop können Sie genau ablesen, wie die Elemente verteilt sind. Manchmal ist ein Element kaum oder gar nicht vertreten, während ein anderes dominiert. Das ist nicht schlimm, denn die Lektionen des Lebens, die damit verbunden sind, sind wichtig für Sie. So gesehen können Sie selbst auf eigene Weise in Balance, in Harmonie kommen. Allerdings geraten Sie in Streßsituationen aus Ihrem normalen Gleichgewicht, weil ein Element plötzlich in den Vordergrund drängt oder völlig verschwindet.

Nun ist das Geburtshoroskop nicht die einzige Möglichkeit herauszufinden, wer Sie sind. Schauen Sie, ob Sie sich in einer der folgenden Beschreibungen wieder finden. Auch Verhaltensweisen, die Ihnen völlig gegen den Strich gehen, können Hinweise geben. Mit Übungen können Sie Ihr Gleichgewicht wiederfinden.

**Element Erde ausgewogen:**
Konzentration, Beziehung, Durchhaltevermögen, Verantwortungsbewußtsein, Selbstsicherheit, Gründlichkeit, Kreativität, Geduld, realistische Einstellung, Wachstum, praktische Einstellung.

**Element Erde unausgewogen:**
*1. Zu viel Erde*
*Folge:* Übergewicht, träge, faul, starres Verhalten, Obsessionen, Machtmißbrauch, Genußsucht, Opferverhalten, Antriebslosigkeit, Abgespanntheit, Kontrollzwang, Interesselosigkeit; Störungen im Stoffwechsel mit Gewichtszunahme, Darmbeschwerden (Verstopfung), Wasseransammlungen, Bedürfnis nach schwerer Kost; zu starke Abgrenzung.
*Ausgleich durch Ernährung:* Einfache, leichte Kost essen (so wenig Brot und Kartoffeln wie möglich), gedünstetes Gemüse und würzige Kräuter – Ingwer, Pfeffer – um den Stoffwechsel anzuregen. Essen Sie Ihre

warme Mahlzeit am Mittag! Essen Sie nicht zu viel und nicht zu fett. Ein Safttag ab und zu wirkt Wunder.
*Ausgleich durch Übungen:* Am Strand einmal richtig vom Wind durchblasen lassen, schwimmen, tanzen und springen; mit Fitness-Training die Muskeln auf- und das Fett abbauen.

*2. Zu wenig Erde*
*Folge:* Untergewicht, Abgehobenheit, fehlende Erdung, Unzufriedenheit, Neigung, den Körper zu vernachlässigen, kein Gefühl für Ihre irdischen Bedürfnisse, Streß, Unsicherheit; Darmbeschwerden (Durchfall), Hautprobleme und Magenbeschwerden; keine Grenzen setzen können.
*Ausgleich durch Ernährung:* Essen Sie etwas schwerer, üppige Brotmahlzeiten, Kartoffel- und Pastagerichte. Verwenden Sie mehr Molkereiprodukte (Sahne) und servieren Sie das Gemüse mit Butter und/oder Käse. Das Essen darf ruhig etwas fetter und schwerer sein, als Sie es gewöhnt sind. Essen Sie eher wenig Früchte und rohes Gemüse.
*Ausgleich durch Übungen:* Bauchmuskeltraining, Schlammbäder, Fußmassagen, afrikanischer Tanz, Gartenarbeit, körperliche Arbeit.

## Der Erde-Typ

Sie sind ein bedächtiger, ruhiger und nüchterner Typ, der besonders langsam zu Werke geht und damit andere ganz verrückt machen kann. Nicht, daß Sie sich davon etwas annähmen, Sie haben Ihren eigenen Rhythmus. Wenn man Sie antreibt, werden Sie dickköpfig und arbeiten nur noch langsamer. Sie lassen sich eben zur Eile zwingen. Einmischungen anderer bringen Sie nur aus dem Tritt. Wie ist es für Sie, wenn Sie ganz nach Ihrer Gangart los traben können.
Die unangenehmeren Seiten eines Erde-Typs zeigen sich in einer möglichen extremen Faulheit und der übermäßigen Hingabe an die Freuden des Lebens, was zu Fettleibigkeit führen kann. Es sei denn, Sie sind in Gesundheitsfragen derart pingelig, daß Sie hinter jedem Wehwehchen schwerste Erkrankungen fürchten.
Fall Sie sich in den angeführten Aspekten des Erde-Typs nicht wiederfinden, dann schauen Sie einmal bei den Übungen zu den anderen Elementen nach. Ein wenig mehr vom Element Luft kann die Eigenanaly-

se schon sehr viel einfacher machen. Ein Tropfen mehr vom Element Wasser kann schon dafür sorgen, daß Sie Ihren Emotionen näher kommen und Ihre Gefühle besser fließen können. Ein Quäntchen mehr Feuer kann die Sehnsucht wieder entflammen, und das ist doch eine hübsche Zugabe, oder? Ausführlichere Beschreibungen und Übungen finden Sie in den Büchern über *Luft*, *Wasser* und *Feuer*.

Prüfen Sie, ob Sie sich selbst in den folgenden Beschreibungen erkennen. Wenn einer dieser Charakterzüge dominiert oder kaum vorhanden ist, dann ist es angebracht, Ihre Harmonie wiederherzustellen. Besonders geeignet dafür ist, genau das zu tun, was Ihnen widerstrebt und die Dinge zu lassen, denen Sie eigentlich den Vorzug gäben. Im Kapitel *Die Erde in der Astrologie* (s. S. 43), können Sie mehr über Ihren Typ nachlesen.

**Der Luft-Typ**

Wenn Sie eher intellektuell sind, den Dingen gerne auf den Grund gehen und die Analyse zur Kunstform erheben, dann sind Sie mit großer Sicherheit ein Luft-Mensch. Damit können Sie natürlich auch leicht abheben. Um wieder sanft auf die Erde zurückzukehren, machen Sie Übungen, die zum Erde-Typ gehören, wie etwa Musik machen oder Visualisieren.

**Der Feuer-Typ**

Es ist wunderbar, sich für etwas zu begeistern, doch all zu wildes und stürmisches Verhalten läßt leicht einiges zu Bruch gehen. Um zur Ruhe zu kommen und vom kühleren Erde-Typ etwas zu lernen, sollten Sie Ihre Begeisterung auf Übungen und Handlungen übertragen, die zum Erde-Typ gehören. Beachten Sie vor allem die Übung ‚Bärengang'.

**Der Wasser-Typ**

Wenn Sie sich in dem Typ, der sich von den Wogen der Gefühle – tiefste Tiefen und höchste Höhen – tragen läßt, dann heißt es für Sie, an den Rand zu schwimmen, sich aus dem Wasser zu erheben und mit Erde-Übungen überspülen zu lassen. Holen Sie z.B. bewußt Luft mit Bauchatmung oder machen Sie die Baumübung (siehe unten).

## Was Sie tun können

Es ist sehr wichtig, sich zu erden, insbesondere nachdem Sie ein Ritual vollzogen haben. Aber auch immer dann, wenn Sie das Gefühl haben etwas mehr ‚Erde' zu brauchen.
Anzeichen, daß eine Erdung nötig ist: Sie frösteln, fühlen sich nicht wohl, sind müde oder schwindelig. Ein Schwall Wasser übers Gesicht oder über die Handgelenke kann helfen, oder eine kalt/heiße Wechseldusche. Äußern Sie sich dabei, wie Sie gerade Lust dazu haben: Singen Sie, schreien, kichern oder schütteln Sie sich. Beenden Sie eine Wechseldusche immer mit kaltem Wasser.

*Atmen mit dem Bauch*

Setzen Sie sich bequem im Schneidersitz auf die Erdel. Halten Sie den Rücken aufrecht und die Knie in Hüftbreite auseinander. Die vorzugsweise nackten Füße drücken Sie fest auf die Erde. Legen Sie nun die Hände z.B. in Dreieck-Form auf den Bauch, d.h. Sie legen die Handflächen so auf den Bauch, daß die Spitzen von Daumen und Zeigefingern gegeneinander drücken und ein Dreieck mit der Spitze nach unten bilden.
Schließen Sie die Augen und atmen Sie tief und ruhig ein. Beim Einatmen blähen Sie den Bauch bewußt auf, daß er kugelrund wird. Beim Ausatmen flachen Sie den Bauch bewußt ab. Machen Sie Ihren Kopf frei von jedweden Gedanken. Konzentrieren Sie sich vollständig aufs Atmen.
Diese Übung wirkt auch entspannend und kann durchaus auch im Liegen gemacht werden, wenn Sie mal nicht einschlafen können.

*Bärengang*

Stellen Sie Ihre Füße leicht gespreizt fest auf den Boden, die Knien gebogen, das Becken nach vorne gekippt, wodurch der untere Rücken gerade wird. Die Arme halten Sie mit geballten Fäusten leicht abgebogen vom Rumpf weg. Stampfen Sie fest mit den Füßen auf und bewegen Sie nachdrücklich Ihre Arme dabei. Brummen Sie dabei so tief und laut, wie Sie nur können.

*Afrikanischer Tanz*

Legen Sie eine CD mit afrikanischer Trommel-Musik ein. Sie tanzen mit bloßen Füßen.
Stellen Sie sich in einer leichten Grätsche auf, die Arme hängen locker zur Seite. Die Knie sind leicht gebogen. Beim Einatmen strecken Sie die Arme aus und spreizen die Finger. Werfen Sie Ihren Kopf nach hinten,

das Hinterteil auch und treten Sie mit den Füßen platt auf dem Boden zur Seite. Beim ausatmen lassen Sie den Kopf nach vorne fallen und legen die Arme wieder an den Körper. Ballen Sie Ihre Hände zu Fäusten und legen Sie sie aufs Becken. Treten Sie einen Schritt zurück und schieben Sie Ihr Becken nach vorn. Das wiederholen Sie und treten dabei abwechselnd von links nach rechts und umgekehrt.
Eigentlich ist dies ein Fruchtbarkeitstanz. Ist die Menstruation überfällig, kann dieser stampfende Tanz sie anregen. Ihre Fruchtbarkeit stimulieren Sie, indem Sie diesen Tanz leichtfüßig tanzen, also nicht aufstampfen.

*Zentrieren*

Stellen Sie Ihre Füße fest auf den Boden. Halten Sie den Rücken gerade und kippen Sie dazu das Becken ein wenig. Konzentrieren Sie sich auf Ihren rechten Fuß und verlagern Sie Ihr Gewicht durch das Verschieben des Beckens dorthin. Dann dasselbe nach links. Konzentrieren Sie sich nun auf die Zehen und kippen Sie den Körper nach vorn und nach hinten. Lassen Sie Ihre Konzentration und Ihr Gewicht nach und nach kreisen: auf den rechten Fuß, auf die Ferse, den linken Fuß, auf die Zehen und anders herum.

*Bauchübung*

Legen Sie sich auf den Bauch und versuchen Sie, trotzdem über den Bauch zu atmen. Weil sich der Bauch nicht nach vorne ausdehnen kann, verlagert sich die Atmung Richtung unterer Rücken. Folgen Sie dem Atem. Lassen Sie sich zur Erde hin wegsacken. Das hilft auch bei Rückenschmerzen und ist noch besser, wenn Sie noch ein Kissen unter den Bauch legen. Wenn es Ihnen schwer fällt, sich zu erden, dann sollten Sie diese Übung einmal am Strand machen, möglichst wenig bekleidet, oder auf einem natürlichen Stück Erdboden (z.B. im Garten auf dem Rasen oder im Wald).

*Beckenübung*

Atmen Sie kräftig aus und schieben Sie dabei das Becken und das Schambein nach vorne, als ob Sie einen Schwanz hätten, der sich zwischen Ihren Beinen hindurch nach vorne ringelt und aufrichtet. Kippen Sie das Becken (dazu ein leichtes Hohlkreuz machen) und schieben Sie mit einem kräftigen Atemstoß das Schambein nach vorn. Das löst auch angestaute Aggressionen und befreit sexuelle Energien.

*Baumübung*

Suchen Sie sich einen kräftigen Baum aus, etwa eine Eiche, und stellen Sie sich mit dem Rück ganz eng an ihn Baum heran. Schließen Sie die Augen und spüren Sie die Energie des Baumes in sich hineinfließen. Nach wenigen Minuten fühlen Sie sich wieder voller Kraft und Energie.

*Gartenarbeit*

Alle Arten von Gartenarbeit wie Hecke schneiden, Beete umgraben oder säen sind Erde-Arbeiten. Scheuen Sie sich nicht vor schmutzigen Händen. Die gehören dazu, wenn Sie in engen Kontakt zur Erde treten. Greifen Sie in die Erde, wühlen Sie im Boden herum, lassen Sie die lockere Krume durch Ihre Finger rieseln. Zupfen Sie Unkraut, säen Sie etwas aus oder pflanzen Sie Blumen aus.

*Visualisierung bei Schutzritualen*

Denken Sie an einen Ort, den Sie schützen wollen und rufen Sie Energie wach. Visualisieren Sie die Farben grün oder braun und breiten Sie die Energie wie eine Decke oder einen Schutzschild über den gedachten Ort.

*Musizieren*

Eine sehr einfache Art, sich zu erden, ist das Musizieren. Singen oder trommeln Sie. Eine Anleitung zum Bau einer indianischen Trommel oder Rassel finden Sie auf den Seiten 77-78.

*Kreative Frauenkünste*

Weben, Spinnen, Knüpfen oder Sticken und alle Arten von Handarbeit gehören zum Element Erde. Das gilt auch für das Malen oder Zeichnen.

*Hausarbeit und Kochen*

Alles, was Sie durch Ihrer Hände Arbeit machen, zählt zu den ‚erdigen' Arbeiten. Staubsaugen, Schrubben, Bohnern, Fegen, Waschen oder Bügeln können auch große Befriedigung bringen. Auch das Kochen ist eine ausgesprochen befriedigende Tätigkeit, besonders das Brot backen. Rezepte dazu finden Sie ab S. 110 ff.

*Füße verwöhnen*

Eine schöne Pediküre zur rechten Zeit ist wunderbar. Unentbehrlich ist aber eine Fußreflexzonenmassage dann und wann. Eine Wohltat für Körper und Geist. Sie können natürlich auch selbst eine ganze Menge für Ihre Beine und Füße tun. Waschen Sie die Füße erst ausgiebig und cremen bzw. pudern Sie sie ein (s. S. 118). Nehmen Sie auf einem großen Kissen

oder einer anderen weichen Unterlage bequem Platz. Verwöhnen Sie Ihre Füße zunächst, indem Sie sich die Nägel vornehmen.
Wenn Sie damit fertig sind, massieren Sie mit etwas Creme und beiden Händen gleichzeitig die Ballen gleichmäßig und kräftig. Kneten Sie die fleischigen Teile und drücken Sie dabei sanft, machen Sie rollenden und kneifende Bewegungen. Streichen Sie gefühlvoll die Energien durch Ihre Füße, immer von oben nach unten.
Schnell werden Sie ein wohliges Gefühl dabei erleben. Massieren Sie auch die Zehen, einen nach dem anderen. Wenn Sie fertig sind, pudern Sie die Füße und genießen das Wohlgefühl bei einer Tasse Tee und relaxen Sie ausgiebig.

**Erdchakra**
Wurzel-, Basis- oder Steißchakra (1)
Sanskrit: Muladhara
Farbe: rot

Der Mensch hat 7 Chakren (Energieknotenpunkte). Das Wurzelchakra, in Höhe des Steißbeins, gilt als das Erdchakra. Es hilft, sich zu erden und Struktur zu geben. Es gibt Stabilität und Verwurzelung.
Wenn dieses Chakra gut arbeitet, sind Sie in der Lage, zu geben, zu pflegen und anzuregen, dann verströmen Sie Hoffnung und sind anderen eine Hilfe.
Wenn es blockiert ist, dann zeigen sich Korpulenz, Materialismus und Hingabe an jedwede Form des Genusses. Es fällt Ihnen schwer, zu geben, aber auch zu empfangen, und Sie sind sehr egoistisch. Sie verfallen schnell in eine Opferhaltung und begeben sich in Abhängigkeiten. Sie sind auch nicht sehr widerstandsfähig, Ihnen fehlt es an Durchsetzungsvermögen und Stabilität. Sie leben ohne Struktur.

*Übung*
Indem Sie ein strahlend rotes Licht visualisieren und auf das Wurzelchakra richten, können Sie den Heilungsprozeß in Gang setzen. Auch gymnastische Bodenübungen und Yoga können helfen.
Heilend wirkt das Mantra LAM.

# ERD-DIVINATION

Wahrsagen, orakeln und die Zukunft vorhersagen: All das fällt unter den Oberbegriff Wahrsagen und ist so alt wie die Menschheit. So lasen die Weisen der sogenannten primitiven Völker aus den Eingeweiden geopferter Tiere. In anderen Kulturen wurden Knochen, Steine, Hölzchen oder sonstige Gegenstände geworfen (geschmückt mit zusätzlichen Symbolen oder auch nicht), die aufgrund ihrer Lage und Kombination Geheimnisse enthüllen sollten. Im Laufe der Zeit sind zahllose Divinationsmethoden dazu gekommen. Das bekannteste Orakel ist das von Delphi, daß schon in altgriechischer Zeit enorm populär war. Noch heute nutzt man allerlei Wahrsagemethoden, nicht nur zur Vorhersage der Zukunft, sondern auch um zu verstehen, wo man gerade in seinem Leben steht und warum die Dinge im eigenen Leben – oder dem des Fragesteller – gerade so und nicht anders geschehen.
Eine erprobte Methode ist das Legen von Karten, z.B. Tarot-Karten. Hierbei sind psychologisches Einfühlungsvermögen und die Fähigkeit, frei zu assoziieren, eine wichtige Bedingung. Wenn es Ihnen gelingt, Verbindungen zwischen den verschiedenen Ebenen zu knüpfen, die Sie beim Wahrsagen entdecken, dann können Sie demjenigen, den Sie gerade beraten, helfen und Einsichten verschaffen. Wahrsagen kann helfen, die Dinge klarer sehen zu lassen.

Es gibt unterschiedliche Methoden, die alle ihre spezifischen Stärken haben. Suchen Sie sich eine Divinationsmethode, die Ihnen liegt. Manche nutzen mehrere verschiedene Methoden, anderen reicht eine einzige. Manche Menschen benötigen keinerlei Hilfsmittel zum Wahrsagen. Sie haben dem Fragesteller aus sich selbst heraus genug zu erzählen. Andere brauchen etwas als Katalysator, etwa Tarot-Karten. Als Wahrsager verbinden Sie Intuition und Gefühl mit den Bildern, die Sie vor sich sehen. Der Fragesteller wird sich während der Befragung immer weiter öffnen und der Wahrsager greift das auf.

Die Rituale rund um das Wahrsagen haben durchaus eine wichtige Funktion. Denken Sie zunächst an die vier Elemente, um so alles miteinander in Harmonie zu bringen. Entzünden Sie etwas Weihrauch mit einem speziellen Duft und eine Kerze. Weihrauch (Luft) sorgt dafür, daß Sie sich öffnen. Das hilft dem Fragesteller ebenso wie dem Wahrsager. Kerzen (Feuer) fördern die Konzentration. Stellen Sie einen Kristall als Symbol für die Erde dazu und eine Schale Wasser, in der sich der Kristall spiegeln kann. Der Blick darauf beruhigt und bringt Sie in eine bestimmte Stimmung, die es Ihnen erleichtert, sich für Informationen und Einflüsse zu öffnen, die für das Wahrsagen wichtig sind.
Musik, vor allem Naturklänge, etwa Wasserplätschern, beschleunigt das Erreichen dieses Zustandes.

**Tarot und das Element Erde**

Die Münzen der Kleinen Arkana verweisen auf irdische Themen wie Geldangelegenheiten, Arbeit, Ausgeglichenheit finden, Talente, die entwickelt werden sollten und Belohnungen.

Nutzen Sie beim Kartenlegen die Elementemethode:

Luft – Schwerter
Feuer – Stäbe
Wasser – Kelche
Erde – Münzen / Pentakel

(Mehr über Schwerter, Stäbe und Kelche finden Sie in den Bücher *Luft*, *Feuer* und *Wasser*.)

Beachten Sie dabei folgendes:
Feuer (Stäbe) und Wasser (Kelche) schwächen sich gegenseitig ab, Erde (Münzen) und Luft (Schwerter) ebenfalls. Die übrigen Kombination verstärken einander. Feuer und Luft sind die aktiven Elemente, Wasser und Erde sind die passiven Elemente.

| | **Feuer** (aktiv) | **Wasser** (passiv) | **Luft** (aktiv) | **Erde** (passiv) |
|---|---|---|---|---|
| **Feuer** (aktiv) | verstärkend | abschwächend | verstärkend | neutral |
| **Wasser** (passiv) | abschwächend | verstärkend | neutral | verstärkend |
| **Luft** (aktiv) | verstärkend | neutral | verstärkend | abschwächend |
| **Erde** (passiv) | neutral | verstärkend | abschwächend | verstärkend |

*Münzen As*

Wissen, Geduld und Anstrengungen werden jetzt belohnt. Ein Neubeginn bei der Arbeit oder zu Hause in der Familie. Eine fruchtbare und schöpferische Phase. Man gibt Ihnen etwas an die Hand, was Sie weiter bringt, Sie müssen aber weiter daran arbeiten.
Schlüsselworte: Kreativität, Besitz erwerben, Wohlstand, Ergebnis, Sicherheit, Materialismus, Materie, Ernte, praktische, konkrete und körperliche Fragen.

*Münzen 2*

Sie spielen mit Geld und wissen nicht recht, was Sie damit tun können oder sollen. Seien Sie flexibel und schwimmen Sie mit dem Strom. Sie sollten neue Unternehmungen angehen, ein unruhiger Neuanfang liegt in der Luft. Eine Frage reiflicher Abwägung. Einmal geht es gut, das andere mal geht es schief.
Schlüsselworte: Bewußtwerdung, Unendlichkeit, Veränderungen, wechselhafte Situation.

*Münzen 3*

Wachstum auf dem Gebiet der Finanzen und der Arbeit, möglicherweise nachdem Sie eine schwierige Periode überstanden haben. Neue Arbeit und die Umsetzung in die Praxis, was Sie theoretisch gelernt haben.
Schlüsselworte: Fachkunde, Wachstum, Anstrengung, Mühe, ein Fachgebiet erlernen, Chancen, Kreativität, Arbeit, Ausbildung.

*Münzen 4*

Sie können nur schlecht loslassen. Diese Karte kann auf Habgier oder einen ausgeprägten Sammeltrieb hindeuten. Sie müssen lernen, sich zu beherrschen. Das gibt Ihnen mehr Stabilität. Die Karte kann auch vor Genußsucht, Übergewicht oder rigidem Verhalten und daraus resultierender Einsamkeit warnen.
Schlüsselworte: Stabilität, festhalten, nicht loslassen können, Unfähigkeit zu teilen, Knauserigkeit, Kontrollzwang.

*Münzen 5*

Sie müssen sich durch eine schwierige, einsame und kühle Situation wursteln, z.B. Arbeitslosigkeit. In gewisser Hinsicht bedeutet dies Freiheit, doch auf der anderen Seite suchen Sie auch nach Wegen, diese Situation zu überwinden. Diese Phase kann für Sie eine Reinigung sein und aufgrund der gewonnenen Einsichten von großem Wert sein.
Schlüsselworte: Einsamkeit, Isolation, Verlust des Jobs, schlechte Gesundheit, Erkältung, Armut.

*Münzen 6*

Sie haben aus der schwierigen Phase Ihre Lehren gezogen und sind wieder aufnahmebereit. Jemand wird Ihnen helfen, wenn Sie ein Ausbil-

dung beginnen wollen oder neue Arbeit suchen. Es geht um Geben und Nehmen und Teilen.
Schlüsselworte: Gleichgewicht, Balance, wirtschaftliches Gleichgewicht, Befreiung von Sorgen, Geld teilen, Ehrlichkeit in finanziellen Angelegenheiten.

*Münzen 7*

Investitionen tragen langsam Früchte. Manche Anstrengungen werden nicht belohnt und scheinen vergebens. Die vorigen Wünsche verlieren an Wichtigkeit, weil aufgrund Ihrer Entwicklung andere Ziele in den Vordergrund rücken. Halten Sie Ausschau nach neuen Herausforderungen, bei denen Sie Ihre Erfahrungen nutzen können.
Schlüsselworte: Versagensangst, Stagnation, Mutlosigkeit, Trägheit, Aufschub, Besinnung, fachkundiges Können, Durchsetzungsvermögen, Abstand halten.

*Münzen 8*

Investieren Sie in die Zukunft, indem Sie lernen. Lernen Sie mit Geld umzugehen. Jetzt ist Verantwortungsbewußtsein gefragt.
Schlüsselworte: Ausbildung, Wissen ansammeln, Stabilität der Einkünfte, Versprechen.

*Münzen 9*

Regelmäßige Einkünfte ohne all zu viele Anstrengungen verschaffen Ihnen ein Gefühl von Freiheit.
Ursachen dafür können ein Geldgewinn, ein gewinnträchtiger Verkauf oder ein hohes Gehalt sein.
Schlüsselworte: Selbstvertrauen, Unabhängigkeit, auf der faulen Haut liegen, Gewinn, Stabilität.

*Münzen 10*

Gefestigte Familienverhältnisse sorgen für ein Gefühl von Glück. Es geht um Überfluß, den Hang zu alten Traditionen und einem guten Namen.
Schlüsselworte: Erfolg, Sicherheit, Fundament, Wachstum, Solidität, finanzielle Stabilität, häusliches Glück, Kunst, Sinn für Kunst, Musik und Malerei.

*Münzen Page*

Sie sind lernbegierig und möchten aus einem Studium dringend etwas machen. Sie haben gute Chancen. Eine Person, die mit dieser Karten angezeigt wird, ist jung, hat braune oder schwarze Haare und dunkle Augen und widmet sich voll und ganz dem, was sie tut.
Schlüsselworte: Wissen, Ausbildung, gute Aussichten.

*Münzen Ritter*

Eine Person mit dunklem Haar und dunklen Augen, Tierkreiszeichen Stier, aufrichtig, realistisch und hat Verantwortungsbewußtsein. Eine praktische Person, die Kunst und Kultur liebt.
Schlüsselworte: Bedachtsamkeit, Unerschütterlichkeit, Gründlichkeit, Verantwortungsbewußtsein, Geldprobleme, Instabilität, Eigensinn, Starrsinn.

*Münzen Königin*

Dunkle, attraktive Frau, mit Eigenschaften des Tierkreiszeichens Jungfrau. Sie hilft gerne und erteilt Ratschläge, ist weise, vertrauenswürdig, ernsthaft und praktisch.
Schlüsselworte: Verantwortungsbewußtsein, Organisationstalent.

*Münzen König*

Ein Mann, der viel im Leben erreicht hat. Dunkle Haare und Augen, ausdauernd, voller Selbstvertrauen, ambitioniert. Tierkreiszeichen Steinbock. Typischer Geschäftsmann oder Person, die viel mit Finanzgeschäften zu tun hat.
Schlüsselworte: Status, Leidenschaft, Seriosität, Einsicht.

## Dreierauslage

In einer Dreierauslage verweist die linke Karte auf die Vergangenheit, die mittlere Karte auf die Gegenwart und die rechte Karte auf die Zukunft.
Auch hier ist es hilfreich zu schauen, welche Elemente auftauchen. Wenn Sie längere Erfahrungen mit Tarot-Karten haben, können Sie auch größere Auslagen, wie etwa das Keltische Kreuz, legen. Es gibt eine ganze

Reihe von Büchern in denen Sie weitere Legebeispiele finden. Lassen Sie sich davon inspirieren.

*Beispiel*

Bei einer Dreierauslage decken Sie folgende Karten auf: links Münzen 10, in der Mitte Schwerter 6 und rechts Münzen 4. Hier haben die Münzen (Element Erde) deutlich die Oberhand, während die Schwerter (Element Luft) in der Minderheit sind. Münzen schwächen die Wirkung von Schwertern ab.

*Deutung*

*Münzen 10:* In der Vergangenheit hatten Sie eine Phase, in der es Ihnen finanziell sehr gut ging, vermutlich aufgrund eines vorteilhaften Vertrages oder einer neuen Arbeit.

*Schwerter 6:* Diese positive Situation neigt sich gerade dem Ende zu. Vielleicht ein Umzug, der große Geldausgaben mit sich bringt oder eine neue Arbeitsumgebung.

*Münzen 4:* In der Zukunft werden Sie sehr sparsam sein und Ihr Geld festhalten. Möglicherweise aus Angst, nicht genug Geld in petto zu haben, wodurch Sie vielleicht etwas geizig erscheinen. Es kann sich aber auch um eine wohl durchdachte und absichtliche Verhaltensweise handeln.

*Schlußfolgerung*

Münzen, als das Element Erde, sind in der Mehrheit. Das deutet auf ein großes Bedürfnis nach Stabilität. Die Unruhe der Schwerter 6 ist zeitlich begrenzter Art. Achten Sie darauf, daß Sie sich nicht zu sehr auf das Geld fokussieren, denn dann kann die Sache in die falsche Richtung laufen.

Auf diese Weise können Sie unter Berücksichtigung der Elemente Ihre Karten legen. Je öfter Sie das tun, desto mehr Freude werden Sie daran haben. In den Büchern über die Elemente Luft, Feuer und Wasser finden Sie weitere Beispiele.

**Geomantie**

Geomantie ist ursprünglich eine uralte Kunst des Wahrsagens aus Mustern im Sand oder in der Erde. Im Laufe der Zeit sind allerdings ganz unterschiedliche Formen der Geomantie entstanden. Sie können Perlen, Münzen oder Zweige verwenden oder nur farbigen Sand. Zum Ausprobieren nehmen Sie feinen Vogelsand, den Sie mit etwas Kreidestaub (zerriebene Schulkreide) mischen. Verwenden Sie für jedes Thema eine andere Farbe und bewahren Sie den gefärbten Sand in unterschiedlichen Töpfchen auf.

Für Finanzangelegenheiten mischen Sie grünen Sand, für Stabilität braunen, orange für Kreativität, blau für Geschäftliches, rosa und rot für Liebe und Fruchtbarkeit.

Streuen Sie je nach Fragestellung eine kleine Menge des entsprechenden Farbsandes auf ein Tablett. Schließen Sie die Augen und streichen Sie vorsichtig mit einem Kräuterbüschel oder einem Zweig durch den Sand. Legen Sie dann den Zweig weg und öffnen Sie die Augen. Betrachten Sie nun die Muster im Sand und versuchen Sie zunächst selbst, die Symbole, die Sie erkennen, zu erklären oder schlagen Sie in einem Symbollexikon nach.

**Weitere Formen der Divination**

*Alomantie* – Wahrsagen mit Hilfe von Speisesalz.

*Kartomantie* – Wahrsagen mit Hilfe von Karten, etwa Tarot-Karten oder Lenormand-Karten. Es geht aber auch mit gewöhnlichen Spielkarten.

*Hippomantie* – Hierbei achtet man das Verhalten von Pferden, vor allem das Stampfen mit den Hufen und das Wiehern.

*I Ging* – Basiert auf dem Yin-Yang-Prinzip, einem System, mit dem nach dem Verlauf des Lebens gesucht wird.

*Kristallkugelbetrachtung* – Das Starren in eine kristallene Kugel. Langes Starren in eine Kristallkugel eröffnet Reflexe, die mehr über den Betrachter oder den Fragesteller aussagen.

*Lithomantie* – Divination mit Hilfe von Edelsteinen.

*Radiästhesie* – Pendeln oder Arbeiten mit der Wünschelrute.

*Sykomantie* – Botschaften aus den Blättern der Bäume. Je langsamer sie vertrocknen, desto positiver die Vorzeichen. Eine modernere Variante besteht darin, verschiedene Dinge auf Papierstückchen zu schreiben, diese eng zusammenzurollen und über einen dampfenden Kessel zu halten. Die erste Frage oder Botschaft die sich dann entrollt, wird beantwortet werden oder eintreffen.

# ERDMAGIE UND -RITUALE

Bei Erdmagie denken Sie an alles, was mit schöpfen, pflegen und anderen Dingen mit Bezug zu Mutter Erde zu tun hat.
Schlüsselworte: Bäume, Gebäude und Immobilien, Zeremonien, Tod, Durchsetzungsvermögen, Familie, Geburt, Geduld, Geld, Genesung, Gewichtsprobleme, Gründlichkeit, der Körper, heiliges Wissen, knüpfen, umsorgen, lehren und Unterricht geben, Körperkraft, messen, Natur, das Alter, die Planung von Arbeiten, praktisch, rituell, Reichtum, Stabilität, Steine, Stille, das Heim, Gärtnern, Verantwortungsbewußtsein, Nahrung, Glück, Ausdauer, Friede, Fruchtbarkeit, Wohltat, Arbeit und Karriere, Weisheit, geschäftlicher Erfolg.

Magie kann Teil eines Hexenrituals sein. Ein Hexenritual beginnt oft mit dem Ziehen eines Bannkreises[4] zum Schutz. Danach folgt beispielsweise eine Visualisierung und dann eine Form von Magie, z.B. Musikmagie oder Knotenmagie, je nachdem welches Ziel verfolgt wird. Ein Spruch wiederum ist Bestandteil der Magie. Ein Ritual kann auch aus nur einem einzigen Element anläßlich eines wichtigen Geschehens

bestehen. Ein Ritual macht man nicht einfach nur zum Spaß, es bedarf eines klaren Zwecks.

### Steinmagie bei Problemen

Edelsteine und Mineralien besitzen Kräfte, die ein Ritual unterstützen. Diese Schätze von Mutter Erde sind bei Sprüchen, welche die Kraft des Elements Erde brauchen, unverzichtbar. Es müssen nicht unbedingt Edelsteine sein, gewöhnliche Steine tun es auch. Für den folgenden Zauber brauchen Sie: einen großen Kieselstein, Papier, Bleistift, Blätter eines Baumes, einen Bindfaden.

Durchzuführen bei abnehmendem Mond. Schreiben Sie das Ungemach, das Sie loswerden wollen auf das Papier. Es kann sich dabei um ein gesundheitliches Problem handeln, oder ein Problem bei der Arbeit. Wickeln Sie das Papier um den Stein. Darum wiederum wickeln Sie mit Hilfe des Bindfadens die Baumblätter. Begraben Sie das Paket um Mitternacht in der Erde und sprechen Sie dabei folgenden Spruch:

*Mit diesem Stein begrabe ich mein Ungemach*
*für mich ist's nie mehr ein Problem hernach.*
*Nun bin ich frei für meinen neuen Weg,*
*Von jetzt an ist vorbei mein Pech.*

Wiederholen Sie diesen Spruch dreimal und drücken Sie zum Schluß die Erde über dem begrabenen Problem-Stein fest an.

### Salzmagie

Mit Salzmagie können Sie ein herrliches Badesalz zaubern, welches heilend und beschützend wirkt. Mischen Sie es mit grünem Lebensmittelfarbstoff, getrockneten grünen Kräutern und ätherischen Ölen, die mit dem Element Erde korrespondieren. Dazu sollten Sie sich einen Spruch ausdenken wie etwa:

*Dieses Gemenge aus Salz und aus Kräutern,*
*soll mich von Leiden und Übeln nun läutern.*

Wiederholen Sie diesen Spruch dreimal, während Sie das Badesalz mischen. Bewahren Sie es in einem luftdichten Gefäß auf und verwenden Sie es bei Krankheit, Stress oder Unruhe. Passen Sie den Spruch gegebenenfalls an Ihr Ziel an.

### Baum- oder Pflanzenmagie

Diese Magieform wenden Sie dann an, wenn Sie etwa für ein Heilungsritual besonders viel Kraft brauchen. Stellen Sie die verschiedenen Sorten Holz, Blätter oder Kräuter, die Sie dafür brauchen, sorgfältig zusammen. Sogar zu Weihrauchmischungen, die eigentlich zum Element Luft gehören, können Sie bestimmte Holz- oder Blattsorten geben.

### Knotenmagie

Durch das Knoten von Bändern oder Seilen können Sprüche fest gebunden werden. Das ist eine kraftvolle Methode, insbesondere in Kombination mit einer Visualisierung.

### Bildermagie

Hierbei arbeitet man mit einem Foto der Person oder des Objektes, dem der Zauber gelten soll oder mit einem Bildnis aus Ton o.ä.

### Musikmagie

Musikmagie verwenden Sie am besten in Fruchtbarkeitsritualen, zur Geldvermehrung oder um einen Job zu finden. Mit einer Trommel aktivieren Sie Energie und rufen dabei Mutter Erde an. Rasseln, ein Xylophon oder andere Perkussionsinstrumente können Sie natürlich auch benutzen. (Das Sistrum, ein altägyptisches Rasselinstrument, gehört jedoch nicht zum Element Erde, sondern zum Element Wasser.)

### Brotmagie

Diese besondere Magieform zählt zu meinen Favoriten. Aus einem Gemisch von Brotteig und Salz formen Sie dabei Figuren, die Sie in einem Ritual verwenden. Die Figuren sind nicht zum Essen bestimmt, wenngleich sie sehr lecker aussehen, was sie aber aufgrund des hohen Salzgehaltes nicht sind. Die Brotpuppen gestalten Sie so künstlerisch und schön, wie Sie es möchten. Machen Sie Brotpuppen zu erdetypischen Themen wie Heilung, Fruchtbarkeit, Gesundheit und Sicherheit. Sie können die Figuren an der Luft trocknen lassen, das dauert allerdings lange und sie sollten nicht zu dick und zu schwer ausfallen. Sie bleiben dann hell. Wenn Sie sie im Backofen backen, geht es schneller und die Puppen bekommen eine gold-

braune Farbe. Während Sie die Figuren formen, visualisieren Sie Ihren Wunsch und sprechen den Zauberspruch. Achten Sie darauf, daß die Brotfiguren völlig durchtrocknen, sonst fangen sie an zu schimmeln.
Eine andere Nutzung ist das Backen von Brotpuppen, wenn Sie Ärger haben. Lassen Sie Ihre Tränen und Ihren Verdruß in den Teig einfließen, das bißchen mehr Salzwasser im Salzteig schadet hier überhaupt nicht, im Gegenteil. Wenn die Puppe an der Luft gut ausgetrocknet ist, begraben Sie sie bei abnehmendem Mond im Garten, wobei Sie etwa folgenden Spruch sagen:

*Von meinem Verdruß befreie mich,*
*um diese Wohltat bitte ich dich.*
*Befreie mich von meiner Plage,*
*Geschehen soll's, wie ich es sage.*

Das Rezept für den Teig finden Sie auf S. 115.

**Brotpuppe zum Abnehmen**

Kneten Sie bei abnehmendem Mond eine dicke (aber wegen des Trocknens flache) Brotpuppe und begraben Sie diese im Garten, im Wald oder im Park, während Sie einen Spruch aufsagen:

*Nimm die Kilos weg zur Stunde,*
*verschwinden sollen sie im Grunde.*

Wenn Neumond ist, kneten Sie ein sehr schlankes und kleines Brotpüppchen, so groß wie ein Amulett. Visualisieren Sie dabei Ihre Idealmaße und kerben Sie Ihr Wunschgewicht in den noch feuchten Teig ein. Dazu paßt etwa folgender Spruch:

*Dieses Püppchen klein und schön*
*ist für mich wie Medizin.*

Backen Sie die Puppe im Backofen. Legen Sie das fertige Püppchen in ein Stück farbigen Samt, nehmen Sie den Stoff an den Zipfeln zusammen und binden mit einem Lederriemen ein Bündel davon. Dieses tragen Sie dann an Ihrem Gürtel oder um den Hals. Wenn Sie Ihr Wunschgewicht erreicht haben, begraben Sie das Püppchen im Garten und sagen dazu beispielsweise diesen Spruch:

*Dies Püppchen hat seinen Dienst getan*
*und meine Figur soll bleiben fortan.*

## Die Elemente im Ritual

Bei der Beschwörung der Elemente sollten alle Elemente zugleich vergegenwärtigt werden. Es ist nicht üblich, sich nur an das Element Feuer oder nur an Wasser, Luft oder Erde zu richten. Damit wäre die Harmonie gestört. Sie können aber während oder nach der Anrufung der Wächter ein Thema bestimmen, welches nur mit einem der Elemente zu tun hat (siehe Schlüsselworte). Die Wächter der vier Himmelsrichtungen ruft man zu Beginn eines Rituals zum Schutz an. Ich habe unten zur Anregung einige Beispiele angeführt, in diesem Falle für alle vier Elemente. In paganistischen Kreisen ist es üblich, zuvor einen Bannkreis zum Schutz während des Rituals zu ziehen. *Alte Traditionen – Moderne Hexen* enthält ein Kapitel, welches sie der Ritualvorbereitung und dem Kreis ziehen widmet. In diesem Buch reicht es, darauf hinzuweisen, das man ein Ritual mit der Anrufung der vier Wächter, Elemente und Windrichtungen beginnt.

***Einfache Anrufung:***
*Ich begrüße den Osten,*
*der den frischen Wind mir schickt,*
*dessen Kühle sanft erquickt.*

*Ich begrüße den Süden,*
*in dem des Feuers Flammen,*
*Verwandlung lassen ahnen.*

*Ich begrüße den Westen,*
*dessen Regen heilend spült,*
*was mein armes Herz zerwühlt.*

*Ich begrüße den Norden,*
*der stabil ist, fest und solide,*
*der Harmonie bringt und Friede*

***Anrufung der Stein-Elemente:***
*Wächter des Ostens, Element des Topas*
*sanft weh'n deine Winde über das Gras.*
*Gib von deiner Kraft mir ab auch dieses Mal,*
*ich werde sie brauchen im Ritual.*

*Wächter des Südens, Element des Rubin*
*gib mir die Gabe der Wandlung als Begleiterin.*
*Feuer und Leidenschaft bedeuten mir viel ganz real,*
*und gehören daher zu diesem Ritual.*

*Wächter des Westens, Element des Saphir*
*Euer friedliches Wesen wünsche ich mir.*
*Sanft wie Balsam ströme die Kraft, ganz emotional,*
*säubernd und klärend in meinem Ritual.*

*Wächter des Nordens, Element des Smaragd*
*bring heilende Kraft, darum wirst du gefragt.*
*Teile Wohlsein und Frieden mit mir ganz vital,*
*und feiere zusammen mit mir dies Ritual.*

Wenn Sie die Wächter wieder verabschieden, gehen Sie in umgekehrter Reihenfolge vor. Zuerst bedanken Sie sich bei ihnen und dann schicken Sie sie weg.

*Wächter des Ostens*
*und des Elements Luft,*
*Herrscher des Denkens,*
*ich rufe dich an, komm steh mir bei.*

*Wächter des Südens*
*und des Elements Feuer,*
*Herrscher des Willens,*
*ich rufe dich an, komm steh mir bei.*

*Wächter des Westens*
*und des Elements Wasser,*
*Herrscher der Gefühle,*
*ich rufe dich an, komm steh mir bei.*

*Wächter des Nordens*
*und des Elements Erde,*
*Herrscher über die Stabilität,*
*ich rufe dich an, komm steh mir bei.*

## Erde-Sprüche

Kurze Sprüche, die Sie während Ihrer rituellen Handlungen jeweils dreimal wiederholen sind besonders kraftvoll, wenn Sie selbst die Texte ersinnen. Sie können sie an jedes Thema, welches mit dem Element Erde zu tun hat, anpassen. Die folgenden Beispiele sollen nur zur Anregung dienen:

***Kraft 1***

*Aus nährendem Korn ist gemacht dieses Brot,*
*die Kraft der Elemente ist mit hier im Schrot.*

***Kraft 2***

*Ich rühre die Suppe, ganz voll Vitaminen,*
*sie soll meinen Kräften zur Stärkung dienen.*

***Gesundung***

*Hinein in den Teig knet' ich meine Macht,*
*die Krankheit soll schwinden schnell über Nacht.*

***Häuser und Immobilien***

*Schaffen will ich, mit Geist und mit Händen*
*will fühlen mich glücklich in eignen vier Wänden.*

***Gewichtsprobleme***

*Ich trag mehr, als ich tragen sollte,*
*weniger zu wiegen ich immer schon wollte.*

***Glück***

*Schenk mir Freude, schenk mir Glück*
*schenk mir davon ein gutes Stück.*

***Weisheit***

*Weisheit und Wissen, von allem auf dieser Erd'*
*ist Wissen das meiste wert.*

## Erdritual – Fruchtbarkeit mit Reis

Reis steht für Glück und Fruchtbarkeit. Dieses Zeremonie führen Sie bei zunehmendem Mond aus. Alle Ziele, bei denen es um Zunahme von etwas geht, sollten bei zunehmendem Mond angegangen werden. Beträufeln Sie eine Handvoll Reis mit zwei Tropfen Patchouli-Öl und füllen Sie das Ganze in ein vorzugsweise grünes (Erde und Fruchtbarkeit) Beutelchen. Dieses legen Sie zwei Nächte lang unter Ihr Kopfkissen, um sich so selbst mit Energie zu laden.

Suchen Sie nah am Haus einen Baum, auf den der Mond scheint, und begraben Sie den Beutel darunter mit folgendem Spruch:

*Gestärkt mit der Kraft vom Baum und vom Mond*
*Reich ich dir dieses Opfer dar.*
*Mit deinem Schoß vereint und belohnt,*
*erbitte ich Fruchtbarkeit ganz laut und klar.*

**Erdritual für Glück, Harmonie und Erdverbundenheit**

Sammeln Sie jeweils drei schöne, unbeschädigte Blätter mit Stiel von einer Pappel, einer Buche und einer Eiche, also neun Blätter zusammen. Zusätzlich brauchen Sie ein Stück naturfarbene oder braune Kordel.
Pappel, Buche und Eiche sind magische Bäume, die zum Element Erde gehören. Jede Blattsorte symbolisiert Sie selbst, die Erde und Ihr Haus. In einem kleinen Ritual erwächst daraus eine Dreieinigkeit von Glück, Verbundenheit und Harmonie mit der Erde.
Ziehen Sie einen Bannkreis. Legen Sie die Blätter gleicher Sorte in eine Reihe nebeneinander, die anderen darunter, so daß Sie am Schluß drei Reihen je gleicher Blätter haben.

| Sie selbst | die Erde | Ihr Haus |
|---|---|---|
| 1. Pappel | 4. Pappel | 7. Pappel |
| 2. Buche | 5. Buche | 8. Buche |
| 3. Eiche | 6. Eiche | 9. Eiche |

Nehmen Sie die Blätter in der folgenden Reihenfolge auf und sagen Sie dabei diesen Spruch:

*Mutter Erde gibt uns Kraft*
*Durch Pappel, Buche und Eiche beschafft.*

Dann binden Sie nach und nach drei Blätterbündel mit der Kordel und mit folgendem Spruch zusammen:

*In eurer Lebenskraft umwunden*
*ist die Erdenkraft mit uns verbunden.*
*Vereint zu dritt in Harmonie*
*das ist die rechte Erdmagie.*

Hängen Sie die Blätter nun über Ihrer Tür zum Trocknen auf und lassen Sie sie für eine Dreier-Periode (also drei Tage, drei Wochen oder drei Monat), in der Sie Bedürfnis nach Harmonie haben, dort hängen.

# RITUELLE ARBEIT

## Erde-Altar

Um Mutter Erde zu ehren, können Sie einen ihr geweihten Altar aufbauen. Dekorieren Sie ihn mit allerlei Schätzen, die Sie in der Natur finden: schöne Steine von verschiedener Form, Farbe und Größe, Münzen, Kräuter, besonders geformte Holzstücke, vielleicht noch mit Moos daran usw. Auf die Mitte des Altars stellen Sie eine durchsichtige, hohe Glasvase, die Sie in Schichten z.B. mit Steinen, Sand, getrockneten Pflanzenteilen und Eicheln füllen. Stellen Sie auch eine Kerze dazu, die Sie während eines Rituals dann anzünden.

## Rassel aus Kürbis

*Stock – einen hartschaligen Kürbis von der Größe einer Grapefruit – Farbe – Pinsel – Federn – ein Stück Leder, Pelz oder Wildleder – ein Blatt feines Schmirgelpapier – Messer – Löffel zum Aushöhlen.*

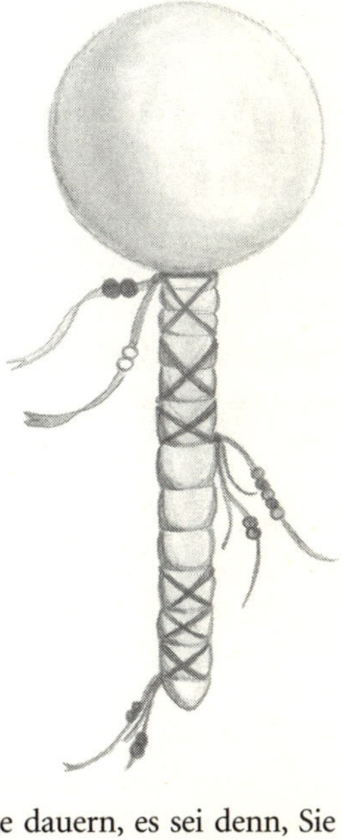

Suchen Sie sich einen Kürbis aus, der an der Unterseite schön rund und nach oben hin etwas schmaler ist, so daß der Stock gut hinein paßt. Mit einem Messer oder einer feinen Säge eine kleine Kappe abschneiden und den Kürbis grob mit einem Löffel aushöhlen. Kochen Sie den Kürbis nun ungefähr 20 Minuten in Wasser und schaben Sie dann das restliche Fruchtfleisch heraus. Achten Sie dabei aber darauf, daß Sie nicht zuviel weg nehmen, sonst wird die Wand am Ende zu dünn. Nun muß der Kürbis komplett austrocknen. Das kann einige Tage dauern, es sei denn, Sie kürzen den Vorgang ab, indem Sie den ausgehöhlten Kürbis bei 30-

50°C im Backofen trocknen lassen. Umweltschonender ist jedoch die natürliche Trocknung an einem warmen Ort.
Die Kerne waschen Sie ab und lassen Sie ebenfalls trocknen, am besten ausgebreitet auf einem Tuch oder auf Zeitungspapier.
Der Stock sollte etwa so dick sein, wie die geschnittene Öffnung. Füllen Sie den getrockneten Kürbis mit den ebenfalls gut getrockneten Kürbiskernen und befestigen Sie dann den Griffstock. Verschließen Sie die eventuell verbleibende Ritze mit Leim. Mit dem Schmirgelpapier wird die Rassel nun außen ganz glatt geschmirgelt. Sie können die Rassel nun nach Belieben bemalen und mit Federn oder Lederstücken verzieren.

## Trommel

*Zwei breite, runde, ineinander passende Holzrahmen von ca. 40 cm Durchmesser (der innere wenige mm kleiner) und 10 cm Breite (erhältlich in Läden für Bastelbedarf) – ein großes Stück dünnes Leder als Trommelfell – Federn und Krallen – Wildleder*
Für eine beidseitig bespannte Trommel brauchen Sie natürlich zwei Stücke Trommelhaut. Nehmen Sie dazu Schweinehaut, die Sie im Tierhandel bekommen. Dort ist Sie meist zu Kauknochen o.ä. für Hunde geformt. Kaufen Sie ein oder zwei große Kauknochen und legen Sie die für ein paar Tage oder Wochen in Wasser, bis sie weich geworden sind und formbar. Wickeln Sie nun die Haut auseinander und spannen Sie sie um den kleineren Reifen. Schneiden Sie kleine Löcher in den Rand und ziehen Sie mit Hilfe einer dicken die Haut stramm. Wickeln Sie anschließend einen langen, eingeweichten Riemen aus Leder mehrmals um die Trommel herum, so daß das Trommelfell gut fixiert ist. Sie können aber auch kleine Löcher ins Fell und in den Rahmen bohren und die Haut mit Wildlederstreifen festzurren. Drücken Sie nun den etwas größeren Rahmen über den bespannten kleineren. Dann nach Geschmack mit Federn, Krallen oder sonstigem Zierrat schmücken oder auch bemalen.

## Medizinrad

Eine sehr schöne erdende Arbeit, die aus dem Schamanismus stammt, ist das Legen eines Medizinrades aus Steinen. Dabei hat jeder einzelne Stein eine bestimmte Bedeutung.

Das Legen eine Medizinrades geschieht in Phasen und es kann eine ganze Weile dauern, bis Sie die dafür notwendigen Steine zusammen gesammelt haben. Fragen Sie z.B. Freunde, ob Sie Ihnen von ihren Reisen Steine mitbringen. Dann haben Sie Steine aus aller Welt in Ihrem persönlichen Medizinrad. Wie groß die Steine sind, die Sie verwenden möchten, liegt ganz bei Ihnen. Wenn Sie einen Stein sehen, den Sie dafür verwenden möchten, dann heben Sie ihn mit der linken Hand auf und fühlen Sie, ob Ihre Hand mit diesem Stein eins wird. Wenn ja, dann nehmen Sie in mit, wenn nicht, dann legen Sie ihn zurück. Wenn Sie den Stein mitnehmen, dann danken Sie Mutter Erde, indem Sie etwas von sich an der Stelle zurücklassen: ein Haar, etwas Speichel oder ein Stück Fingernagel.
Suchen Sie sich einen besonderen Ort aus, wo Sie Ihr Medizinrad legen möchten, beispielsweise in Ihrem Garten, auf dem Balkon oder an einem von Ihnen besonders geschätzten Ort im Wald.
Bevor Sie damit beginnen. den Steinkreis zu legen, bitten Sie den Ort, wo er angelegt werden soll und die dortigen unsichtbaren Kräfte um Zustimmung. Es ist auch wichtig, den Ort zunächst mit duftenden Kräutern zu räuchern (zum Thema Weihrauch mehr im Buch über das Element *Luft*). Verwenden Sie z.B. Salbei, der reinigend wirkt. Auch andere Menschen und natürlich sich selbst sollten Sie zuvor beräuchern.

Verwurzeln Sie sich anschließend mit diesem Platz, indem Sie sich darauf stellen und visualisieren, daß Wurzeln aus Ihnen heraus in die Erde wachsen und Sie so fest mit diesem Ort verbinden. Das gleiche gilt für eventuell andere Anwesende. Sie können diese Visualisierung auch in der Gruppe gemeinsam vollziehen. Bitten Sie die Kräfte des entsprechenden Ortes, die Gruppe und Sie selbst vor störenden Einflüssen Vorbeigehender zu schützen.

Im Folgenden die Methode des Steinlegens nach Sun Bear, der mit 36 Steinen arbeitete. Für die Legung benötigen Sie einen Kompaß, einen Stock mit einem Seil daran, um den Kreis zu ziehen, Kieselsteine als Platzhalter und Mehl.

Legen Sie mit Hilfe des Kompaß' zunächst die Himmelsrichtungen fest. Mit dem Stockzirkel ziehen Sie rund um einen Mittelpunkt einen Kreis im gewünschten Durchmesser. Die Himmelsrichtungen markieren Sie jeweils mit einem weißen Kiesel. Den Rest der Kreisbogens markieren Sie mit Mehl. Zwischen die Steine für die Himmelsrichtungen legen Sie jeweils drei weitere Kiesel als Platzhaltersteine für die Monate auf den äußeren Kreisbogen. Später legen Sie an deren Stelle die sogenannten Erde-Steine, welche die Tierkreiszeichen symbolisieren. Insgesamt liegen also jetzt 16 Steine auf dem äußeren Kreisbogen.
Bestimmen Sie nun die Lage des inneren Kreises. Der Abstand zum äußeren Kreis muß so groß sein, daß drei Steine der von Ihnen gewählten Größe später dazwischen Platz finden. Das sind dann die Pfade, die nach Innen führen.
Dann legen Sie mit sieben Kieseln den Innenkreis aus. Sobald die Platzierungen markiert sind, ersetzen Sie die Platzhalterkiesel durch die echten Steine. Beginnen Sie immer mit dem 1. Stein im Zentrum, dem Schöpferstein.
Der 2. Stein ist der Mutter Erde-Stein, der aus Bergkristall ist und quasi als Schnittstelle Ihres Kreis zu allen anderen Steinkreisen auf Erden fungiert und ihn damit verbindet.

Bevor Sie einen Stein legen, präsentieren Sie ihn zunächst dem Großen Geist, dem Großen Mysterium, indem Sie den Stein gen Himmel hoch heben. Dann senken Sie den Stein Richtung Erde und bieten ihn Mutter Erde an. Danach heben Sie den Stein in Richtung aller Himmelsrichtungen, beginnend im Norden.
Halten Sie zum Schluß den Stein an Ihr Herz und dann wieder Richtung Erde, bevor Sie ihn dort nieder legen. Singen Sie dabei oder sprechen Sie einen Wunsch oder ein bestimmtes Bedürfnis aus oder benennen Sie die Kraft, die Sie mit diesem Stein dort platzieren möchten.

Das Medizinrad ist ein wunderbarer Ort für Meditationen oder um sich dort zu erden. Nach und nach legen Sie weitere Steine dazu, wobei Sie jeweils um Einsicht oder Beistand zu einem bestimmten Thema bitten.

## Das Legen der Steine

Auf der Zeichnung sehen Sie, in welcher Reihenfolge Sie die Steine legen.

*Innenkreis*

1. Der Schöpferstein
2. Mutter Erde-Stein
3. Großvater Sonne
4. Großmutter Mond
5. Erde, die Schildkröte
6. Wasser, der Frosch
7. Feuer, der Donnervogel
8. Luft, der Schmetterling

*Außenkreis*

9. Der Norden
10. Der Osten
11. Der Süden
12. Der Westen
13. Schneegans (Januar), Kraftzentrum
14. Otter (Februar), Heiterkeit
15. Puma (März), Spiritualität
16. Roter Milan (April), der Pionier
17. Biber (Mai), der Baumeister
18. Reh (Juni), der Heiler
19. Specht (Juli), der emotionale Heiler
20. Stör (August), der Strahlende
21. Braunbär (September), der Organisator
22. Rabe (Oktober), der Botschafter, der Harmoniebringer
23. Schlange (November), Gift in Medizin verwandeln, der Verwandler
24. Wapitihirsch (Dezember), der Lehrer

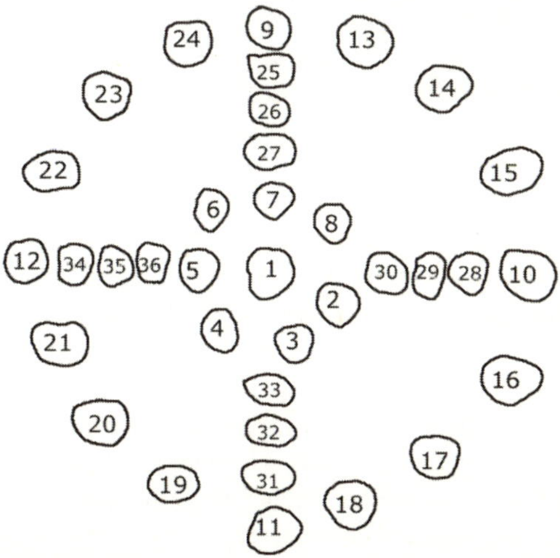


*Die Pfade*

*Nord*

25. Reinigung
26. Erneuerung
27. Reinheit

*Osten*

28. Klarheit
29. Weisheit
30. Einsicht

*Süden*

31. Wachstum
32. Vertrauen
33. Liebe

*Westen*

34. Lebenserfahrung
35. Einkehr
36. Kraft

**Pentakel**

Das Pentakel ist ein uraltes Symbol und gilt als Herzstück eines Altars. Hierin sind alle Elemente verkörpert. Doch das Pentakel gehört besonders zum Element Erde, da auf dieser Basis alles beruht. Ein Pentakel

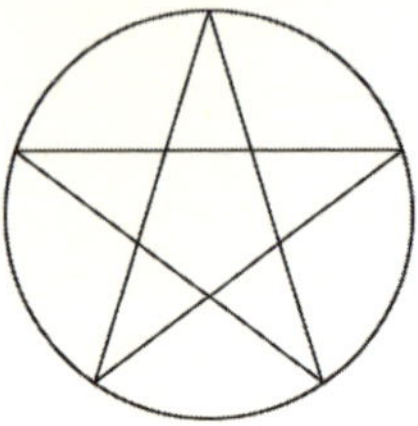

kann aus Ton, Holz, Metall oder Stein gefertigt sein. Ein transportables Pentakel für unterwegs können Sie etwa aus Brotteig backen und nach Ihrem Ritual als Picknick verzehren (siehe dazu das Brotrezept auf S. 115), an die Vögel verfüttern und ein Stück als Dankopfer in der Erde vergraben.

# NATURWESEN

Das Element Erde hat seine eigenen Naturwesen, die in mythologischen Geschichten, in der Folklore und in Märchen überall auftauchen. Jede Region hat ihre eignen Naturwesen, mit jeweils spezieller Kleidung und eigenen Gebräuchen. Sie stehen jeweils in Verbindung mit dem Norden, mit bestimmten Steinen, Bäumen, Grotten und Höhlen, Kräutern und Blumen. Manche Naturwesen, wie etwa die Blumenelfen, werden mit allen vier Elementen in Verbindung gebracht.

Nur wenige Menschen können diese Wesen sehen. Das hat mit unterschiedlichen Schwingungsfrequenzen zu tun. Der Mensch hat eine andere Schwingungsfrequenz als ein Naturwesen, welches ätherisch ist, sich aber durchaus in menschlicher Gestalt zeigen kann. Es ist möglich, sie auf der astralen Ebene oder im Traum wahrzunehmen, oder sogar, wenn Sie völlig zufrieden in absoluter Stille durch einen Wald wandern und sich förmlich in höheren Sphären wähnen. Dann kann es geschehen, daß sich Ihre Augen öffnen und Sie plötzlich einer Baumfee gegenüber stehen oder Blumenelfen zwischen den Blättern tanzen sehen. Vergleichbar ist das mit dem Aura-Sehen. Nicht jeder kann eine Aura sehen, viele aber können eine Aura intuitiv spüren.

Naturgeister oder Elementarwesen beschäftigen die Gemüter. Schon Paracelsus studierte vor einigen Jahrhunderten die Elementarwesen, indem er die Folklore verschiedener europäischer Länder untersuchte. Er ordnete die Wesen den vier Elementen zu und vermutete, daß sie in einer Parallelwelt, ähnlich der unseren, leben, in der sie sich um Flora und Fauna kümmern. Jedem Element ordnete er sowohl gute als auch böse Wesen zu. Gnome gehören danach zu den guten Erde-Elementarwesen, Zwerge dagegen zu den bösen. Er bezog auch verschiedene Göttinnen und Götter in sein System ein, wie etwa den Waldgott Pan und die Göttin Venus, die er mit dem Element Wasser assoziierte.
Erde-Elementarwesen können beim Ziehen des Bannkreises als Wächter angerufen werden. Sie bringen Schutz, Fruchtbarkeit, Gesundung und beeinflussen geschäftliche Angelegenheiten positiv.

Vor allem in Irland und Großbritannien, Skandinavien und den slawischen Ländern gibt es eine große Vielfalt solcher Naturvölkchen, die man auch Feen-Volk nennt. Sie verfügen über starke heilende, beschützende und ausgleichende Kräfte. Aus diesem Grund werden sie häufig als Wächter bei einem Ritual angerufen. Auch die Energien, die man etwa an den Leylinien spüren kann, werden auf Elementarwesen zurückgeführt.

Naturwesen haben keine eigene Seele, sondern verdanken diese nur dem Element, dem sie zugehören. Aufgrund dieser dienenden Funktion werden sie gerne angerufen. Sie gehorchen demjenigen, der sie herbeiruft. Weil sie aber die Aufgabe haben, das mit ihnen verbundene Element zu beschützen, können sie manchmal zu richtigen Plagegeistern werden.

## Die Erde-Elementarwesen

### *Gnome oder Erdelfen*

Hierunter fallen alle Arten von Erdgeistern. Sie kümmern sich um alles, was mit der Erde zu tun hat wie Felsen, Hügel, Berge, Gräber, Grotten, Minenschächte, Steine und die gesamte Pflanzenwelt.

*Baumwesen*

Diese Wesen leben in oder unter Bäumen und sorgen für diese. Dazu zählen die Dryaden und Wichtel.

*Waldgeister*

Dieses ätherische Völkchen gehört zu den Feen und existiert in unterschiedlichsten Ausprägungen. Sie gehören zum Waldgott Pan.

*Brownies*

Schottisch-englische Waldgeister mit braunem, runzligen Äußeren, gekleidet in Lumpen. In der ganzen Welt kennt man sie, jeweils aber unter anderen Namen. Ein Brownie kümmert sich gerne um Haus und Herd und erwartet dafür zum Dank ein Schälchen Milch und einen süßen Keks. Brownies sind sehr schnell beleidigt und können überhaupt nicht mit Kritik umgehen.

*Dryaden*

Griechische Waldnymphen, deren Leben an einen bestimmten Baum gebunden ist. Stirbt dieser Baum, endet auch das Leben der zugehörigen Dryade.

*Trolle*

Lange, bedrohliche und bösartige Naturwesen, die häufig als haarige Wesen dargestellt werden und ausgesprochen schlechte Manieren haben.

*Devas*

Sammelbezeichnung für Naturwesen, welche die eigentliche Herrschaft über niedrigere Naturwesen ausüben. Oft auch als Bezeichnung für buddhistische oder indische Elfen verwendet.

*Pflanzendevas – Baumelfen*

Die Pfleger der Pflanzen und Blumen. Sie sorgen dafür, daß wir Früchte ernten können, indem sie sich um die Gesundheit der Pflanzen und Blumen kümmern. Baumelfen (Dryaden) verstärken die Eigenschaften des Baumes, mit dem sie verbunden sind.

*Zwerge*

Schatzbewahrer von Edelsteinen und Edelmetallen. Sie leben im Allgemeinen in Grotten.

*Wichtel*

Wichtel lebten ursprünglich in Pilzen und Bäumen, gelten aber nun als Beschützer von Haus und Garten. Sie zählen zu den sogenannten Baumwesen.

*Kobolde*

Lästige Plagegeister, die sowohl den Wichteln als auch den Menschen das Leben ganz schön schwer machen können.

*Nibelungen*

Zwerge in Skandinavien und Deutschland, die in einen Kristallpalast leben.

## Übungen zur Kontaktaufnahme mit den Naturgeistern

### *Das Kennenlernen*

Suchen Sie einen Kraftort weitab jeder Straße auf, beispielsweise mitten in einem alten Wald. Wandern Sie forschen Schrittes dorthin und nehmen dabei die Energien des Waldes in sich auf. Wählen Sie einen Platz, der Ihnen gefällt und wo Sie bequem sitzen können, etwa gegen einen Felsen oder einen Baum gelehnt. Wenn in der Nähe noch eine Grotte oder Höhle ist, umso besser.

Schließen Sie Ihre Augen und konzentrieren Sie sich auf Ihre Atmung. Atmen Sie über den Bauch tief ein und aus. Lauschen Sie den Geräuschen der Natur: dem Flüstern der Bäume und dem Zwitschern der Vögel. Versuchen Sie, einzelne Geräusche heraus zu filtern und sich darauf zu konzentrieren. Fühlen Sie die Energien der Natur in sich hinein strömen und erleben Sie, was dadurch in Ihrem Körper und Ihrem Geist geschieht. Mit jedem Atemzug fühlen Sie sich mehr und mehr aufgeladen.

Versuchen Sie nun, mit dem Wesen Kontakt auszunehmen, welches den Baum oder den Platz, wo Sie sitzen, bewohnt. Das gelingt sicher nicht sofort, doch versuchen Sie es immer wieder. Achten Sie auf Ihre innere Wahrnehmung. Alles, was Ihnen durch den Kopf geht – ein Name, ein Gesicht, ein Gedanke – kann mit dem Naturwesen zu tun haben. Fragen Sie sich in Gedanken, was es Ihnen sagen will. Falls Sie Schutz oder Hilfe brauchen, bitten Sie es darum.

Danken Sie dem Naturwesen dann für seine Anwesenheit und konzentrieren Sie sich auf Ihren Körper. Wackeln Sie mit den Fingern und Zehen. Öffnen Sie die Augen und bleiben Sie noch etwas sitzen. Vielleicht möchten Sie

nun etwas essen oder trinken. Lassen Sie dann einige Krümel für den Naturgeist zurück und den letzten Schluck gießen Sie als Dank auf die Erde.

*Eins werden mit einem Baum*

Wählen Sie eine, Baum aus, der Sie anspricht. Gehen Sie in der gleichen Weise vor, wie oben bis zum Punkt Konzentration aufs Atmen beschrieben. Fühlen Sie die Erde unter sich atmen. Stellen Sie sich vor, wie Sie mit dem Baum eins werden und wie sich Ihre Wurzeln in den Bo-

den bohren. Ihre Äste reichen weit in den Himmel empor. Lassen Sie alle negativen Energien beim Ausatmen aus Ihren Zweigen ausströmen und saugen Sie mit Ihren Wurzeln die liebevollen, nährenden, positiven Energien aus der kühlen, weichen und heilenden Erde. Sie sind durstig und mit jedem Atemzug saugen Sie mehr von dieser wunderbaren Feuchte auf. Bei jedem Atemzug fühlen Sie sich frischer und reicher an Energie. Treten Sie mit den Wesen in Kontakt, die Sie versorgen und hören Sie auf ihre Botschaften. Genießen Sie ihre Aufmerksamkeit, Pflege und ihren Schutz. Die aus Ihnen strömende Energie verteilt sich über die Atmosphäre auf andere Wesen, Menschen und Tiere, die sich damit aufladen und nähren. Sie sind Teil eines großen Kreislaufes.
Wenn Sie sich bis in die hintersten Winkel Ihres Wesens mit Energie geladen fühlen, dann beginnen Sie zurückzukehren. Konzentrieren Sie sich auf Ihren Körper. Wackeln Sie mit Fingern und Zehen. Öffnen Sie die Augen und bleiben Sie noch etwas sitzen. Genießen Sie die Sonne auf Ihrer Haut und die Geräusche Ihrer Umgebung. Sie fühlen sich völlig ruhig und doch voll von Energie.

*Einige kurze Tips*

* Kontaktieren Sie Erdgeister, indem Sie sich an oder auf Felsen oder Steine setzen. Erspüren Sie die Wärme der Steine, indem Sie Ihre Hände darauf legen.

Das Elfenvolk hat es wirklich gegeben. Die Elfen lebten vornehmlich in Irland, wo sie ihre Traditionen versuchten in Ehren zu halten. Als die Kelten ihr Gebiet besiedelten, zogen sich die ursprünglichen Bewohner stets mehr in die Berge und in Höhlen zurück. Nur manchmal mischten sie sich unter das neue Volk. Weil sie von so kleiner Gestalt waren, wurden sie auch ‚das kleine Volk' genannt. Ihre Haut war dunkler als die der Kelten, sie hatten braune Haare und braune Augen. Man nannte sie auch die Sidhe. Sie verfügten offenbar über starke magische Kräfte. Weil sie den Kelten nicht sonderlich freundlich gesonnen waren, ließen sie sich auch nicht von ihnen malen. Daß sie Flügel und Spitzohren hatten, ist Unsinn. Das entspricht in etwa dem Vorurteil eine Hexe habe immer eine Hakennase und einen krummen Rücken.

* Sammeln Sie Steine und legen Sie diese in einem großen Steinkreis in Ihrem Garten aus. In seiner Mitte können Sie sitzen und Mutter Erde opfern, beispielsweise etwas Wein, Wasser oder Kekse.
* Suchen Sie Grotten und Höhlen auf und bleiben Sie eine Weile im Dunkeln sitzen. Hier sitzen Sie wirklich im Bauch von Mutter Erde!

# SCHÄTZE DER ERDE

Bäume, Pflanzen, Kräuter, Steine und Mineralien sind die Schätze des Elements Erde. Das Sammeln von Kräutern ist eine typische Beschäftigung für das Tierkreiszeichen Stier; das Zubereiten und die Verwendung der Kräuter auf medizinischem Gebiet wird meist mit dem Erdzeichen Jungfrau in Verbindung gebracht.
Bäume inspirieren uns, geben uns Kraft und sprechen unsere Phantasie an. Die tief in der Erde verankerten Wurzeln erinnern uns an unsere eigenen Wurzeln. Mit ihren Ästen reichen sie weit hinauf in den Himmel, so als ob sie Himmel und Erde miteinander zu verbinden versuchen.
Steine sind ebenso wie Menschen, Bäume und Tiere Kinder von Mutter Erde. Sie sind die Schätze, die aus ihrem Schoß entwachsen sind. Jeder Stein besteht aus denselben Mineralien, aus denen auch der Mensch und die Erde als Ganzes zusammengesetzt sind.

**Kräuter**
Ihre zahllosen Verwendungsmöglichkeiten machen die Kräuter für uns unverzichtbar. Ob nun frisch oder getrocknet, als Tee, Öl, zum Würzen, in Pflegeprodukten oder magischen Zeremonien verwendet, man kann soviel damit machen, daß die Anwendungen und Rezepturen dicke Bücher füllen. In alten Zeiten wurden Kräuter häufig bei Ritualen und Festen genutzt, ihre Heilkraft war schon den Sumerern bekannt.
Heute sind wir Heilanwendungen mit Kräutern kaum mehr gewohnt. Vielleicht liegt es daran, daß man ja heute fast alles fix und fertig kaufen kann. Aufgrund dessen ist viel altes Wissen verloren gegangen. Vielfach

wissen wir einfach nicht mehr, wozu man dieses oder jenes Kraut verwenden kann.
Bis ins 18. Jahrhundert waren Kräuter selbstverständlicher Bestandteil jeder medizinischen Behandlung. Heute verwenden wir in der westlichen Welt überwiegend chemische Arzneimittel. Auf Pflanzen kann man kaum Patente erheben und damit auch nicht viel daran verdienen. In der pharmazeutischen Industrie geht es immerhin um Milliarden von Euro. Doch immer mehr Ärzte und Patienten kehren zu den alten Kräuterheilmitteln zurück. Übrigens sind mindestens 80 % der Weltbevölkerung von natürlichen Heilmitteln abhängig, sprich, die Mehrheit der Menschen kann sich schlicht keine industriellen Arzneimittel leisten.

Mönche und Nonnen beschäftigten sich in den Klöstern mit der Kräuterkunde. Der berühmte Gelehrte Paracelsus glaubte, daß die äußerliche Gestalt der Pflanze auf ein Körperteil des Menschen hinwies, für dessen Heilung die Pflanze nützlich war. Diese Signaturlehre wird noch heute von Millionen Menschen angewandt.
Bei diversen magischen Anwendungen sind die Kräfte der Kräuter unentbehrlich. Darüber hinaus machen sie das Essen schmackhafter und man kann gesunde und meist sehr leckere Tees daraus zubereiten, die eine Wohltat für Körper und Geist sind. Das macht die Kräuter zu den kostbarsten Schätzen der Mutter Erde überhaupt!
Mit etwas gutem Willen könne Sie Ihre eigenen Küchenkräuter im Balkonkasten oder am Rand des Rasens anpflanzen und so haben Sie jederzeit frische Geschmacksverbesserer zur Hand.

*Einige Faustregeln:*

* Blumen pflückt man zu Beginn der Blüte.
* Blätter vor und während der Blüte.
* Wurzeln graben Sie früh im Frühjahr oder spät im Herbst aus.
* Früchte werden geerntet, wenn sie reif sind.
* Samen werden gesammelt, wenn die Saatkapseln kurz vor dem Aufbrechen stehen.
* Die besten Kräuter ernten Sie nicht an der Autobahn, sondern in einer schönen, stillen und gesunden Umgebung.

*Kräuter trocknen*

* Pflücken Sie Kräuter nie, wenn sie noch feucht sind.
* Trocknen Sie Kräuter an einem kühlen, schattigen und trockenen Ort.
* Hängen Sie Kräuter vorzugsweise kopfüber in Büscheln auf.
* Trocknen Sie Kräuter nie in einem erwärmten Raum (Heizkeller, Wohnzimmer etc.)

Heben Sie Kräuter in dunklen Gefäßen auf und das maximal ein Jahr lang. Kontrollieren Sie sie derweil regelmäßig. Eine Übersicht der gebräuchlichsten Kräuter finden Sie im Anhang dieses Buches.

Die gewöhnlichen Küchenkräuter können kaum Schaden anrichten, wenn man sie in den normalen Mengen verarbeitet. Doch zuviel des Guten schadet auch hier. Einige Kräuter sollten Sie während einer Schwangerschaft nicht oder nur sehr wenig verwenden, z.B. Petersilie. Wenn Sie Kräuter als Heilmittel nutzen wollen, dann lassen Sie sich zunächst eindringlich über Anwendungsweisen informieren, besuchen Sie einen Kurs oder lesen Sie ausgiebig in der vielfältigen Literatur. Verwenden Sie auf keinen Fall Kräuter, die Sie nicht kennen!

## Bäume und Pflanzen

Jeder Baum hat seine ureigene Energie. Manche Bäume fühlen sich kalt an, andere warm. Ihre jeweilige Energie kann man auch deutlich als weiblich oder männlich erfahren. Manche Bäume sind echte Einzelgänger, andere stehen lieber in einer Gruppe, der eine hat dünne Ästen mit zahllosen Zweigen, der andere hat nur einige dicke Äste. Ein Nachmittag in einem alten Wald kann Wunder wirken, Sie fühlen sich danach wie neugeboren. Die Stille, nur das Rascheln der Büsche, kleine Tiere, rauschende Blätter – je mehr Sie lernen, zuzuhören und sich dafür zu öffnen, desto mehr werden Sie verstehen, was die Bäume und ihre Bewohner Ihnen zu erzählen haben. Das ist die ultimativ beste Form, die Kräfte von Mutter Erde selbst zu erfahren...

**Bäume erkunden**

Die einfachste Weise, Bäume richtig kennenzulernen, ist, mit einem Baumführer, einem Stift und einem Heft in den Wald zu gehen. Suchen Sie sich einen Baum aus, zeichnen Sie ihn ab, lesen Sie nach, was über diese Baumart in dem Baumführer geschrieben steht und halten Sie Einzelheiten, die Ihnen auffallen, schriftlich fest. Setzen Sie sich mit dem Rücken an den Baum gelehnt zu dessen Füßen hin und schließen Sie die Augen. Versuchen Sie, mit ihm in Kontakt zu treten. Eine andere Möglichkeit ist, den Baum zu umarmen. Lassen Sie seine Energie in sich hineinströmen.
Nehmen Sie sich Zeit, den Baum kennenzulernen und schreiben Sie Ihre Eindrücke auf. Was versuchte der Baum Ihnen zu erzählen und was konnten Sie an Ihn loswerden?
Zeichnen Sie Ihre Bäume in eine Landkarte ein. Achten Sie unterwegs auf die Energien, die sich von Gegend zu Gegend sehr unterscheiden. Ein alter Wald hat etwa ganz andere Energien als ein neuer Wald und das liegt nicht nur an der Dicke der Stämme. Je öfter Sie auf diese Dinge achten, desto sensibler werden Sie dafür. Sammeln Sie Blätter und achten Sie dabei auf Farbe, Form und Struktur, betrachten Sie die Zweige, schauen Sie, ob der Baum Früchte trägt oder andere Besonderheiten aufweist. Alles ist wichtig.
Sammeln Sie bei einem Spaziergang im Park oder im Wald einige vom Wind abgebrochene Zweige auf, die noch frisch sein sollten. Daraus lassen sich Runenstäbchen oder ein neuer Stab für den Altar machen. Die Rinde können Sie, gut getrocknet und zermörsert, in Weihrauchmischungen verwenden. Wenn Sie einen Baumstumpf finden, so überlegen Sie, ob Sie ihn als Altar oder als Julbaum, geschmückt mit getrockneten Pilzen, Blättern und anderen Schätzen aus der Natur, nutzen möchten.

## Bäume, die mit den Tierkreiszeichen korrespondieren

*Buche*
*Steinbock – Dauerhaftigkeit, Energie, Vertrauenswürdigkeit*
Die Buche ist eine der ältesten bekannten Baumarten und kann rund 300 Jahre alt werden. Ein Buchenblatt wirkt Wunder bei Entzündungen, z.B. bei Zahnfleischentzündungen einfach darauf kauen. Das Wasser, was Sie in hohlen Buchen finden, eignet sich zur Behandlung von Hautkrankheiten.
Aus Buchenholz macht man die beste Holzkohle. Die Germanen schätzten diesen Baum ganz besonders, und assoziierten ihre Göttin Freya mit der Buche. Liebespaare, die an Buchen vorbei kommen, verspüren den unstillbaren Drang, ihre Namen, meist umringelt von einem Herz, in die Rinde zu kerben. Auch Runen lassen sich aus der Rinde gut schnitzen.
Auf der Rinde lebt der Zunderschwamm, der früher für das Entzünden von heiligen Feuern anläßlich der Jahresfest genutzt wurde. Aufgespießt auf einen Eisenstab wurde der glimmende Zunder von einem Ort zum nächsten getragen.

*Kiefer / Pinie*
*Jungfrau – Kraft, Schutz, Fruchtbarkeit, Geburt*
Wegen der vielen Samen in den Zapfen wurde die Kiefer oft als Symbol für Fruchtbarkeit gesehen. Die Kiefer ist heilkräftig, vor allem bei rheumatischen Beschwerden.
Ein griechischer Mythos erzählt die Geschichte der hübschen Waldnymphe Pinus, die mit Pan befreundet war. Der Gott des Nordwindes, Boreas, wurde wegen seines kalten Atem gefürchtet, auch von Pinus und ihren Freundinnen. Wenn Boreas vorbei kam, versteckten sich die Waldnymphen schnell, in der Hoffnung, daß er sie nicht entdecke. Eines Tages aber war Pinus zu langsam und Boreas erwischte sie. Mit seinem kalten Atem jagte Boreas sie vor sich her und ihr blieb nichts als die Flucht. Schließlich brach sie zu Tode erschöpft zusammen und starb.
Pan verwandelte sie in eine Pinie. Daher weinen alle Pinien dicke Tränen, die den Stamm herunterrinnen, wenn Boreas wieder durch die Wälder pfeift.

*Eiche, Stiel-Eiche*

*Jungfrau – Kraft, Einsicht, Verstand, Schutz, Fruchtbarkeit*

Es gibt einige Arten von Eichen, u.a. die Trauben-Eiche und die Stiel-Eiche. Der griechische Arzt Hippokrates, der im 5. Jahrhundert vor Christus lebte, nutzte die Eiche als Heilmittel gegen Blutungen. Die Eiche war früher einer der heiligsten Bäume und wurde respektvoll verehrt, schließlich kann die Eiche mit ihren tiefgehenden Wurzeln die Unterwelt und gleichzeitig mit ihrer riesigen Krone den Himmel erreichen und galt als Bindeglied zwischen Menschen und Göttern.

Eine alte Legende berichtet vom Orakel von Dodona, welche in einem Eichenwald lag. Darin stand eine besondere Eiche, von der man sagte, Gott Zeus habe sie auserwählt, um seinen Willen durch sie kund zu tun. Am Fuße der Eiche lag eine Quelle. Wer eine wichtige Frage hatte, ging nachts mit einer Fackel zu dem Baum. Die Fragen wurden in Tafeln geritzt, die an der Eiche und an der Quelle abgelegt wurden. Der murmelnde Quell sprach die Worte des Zeus, welche durch Priesterinnen dem Volke übersetzt wurden. Die Eiche von Dodona galt als die ‚erste Mutter'.

*Trauerweide*

*Stier – Geborgenheit, Einsicht*

Die Weide symbolisiert neues Leben, Fruchtbarkeit, Einsicht und Geborgenheit.

Im westlichen Europa gilt sie als Hexenbaum mit magischen Kräften. Allerdings schnitzte man früher aus dem Weidenholz auch kleine Flöten, die in der Walpurgisnacht vor Hexen schützen sollten. Solche Flöten lassen sich übrigens sehr einfach herstellen, denn das weiche Holz läßt sich leicht aushöhlen.

Während der Zeit der Hexenverfolgungen band man Frauen, die der Hexerei verdächtig waren, am Karfreitag nachmittags um 15 Uhr Weidenzweige um den nackten Körper. Frauen, die tatsächlich Hexen waren, würden sich dadurch selbst verraten, daß sie in der Kirche dem Altar ihren Rücken zudrehen, so glaubte man.

*Pappel*

*Stier – gibt Ruhe, Stabilität, Ausgeglichenheit, Unterstützung, Harmonie, Selbstvertrauen.*

Dieser Baum kann gut hundert Jahre alt werden und ist einer der am schnellsten wachsenden Bäume, die wir kennen. Er kann bis zu 24 Meter in die Höhe schießen. Die Rinde der Schwarzpappel (Populus nigra) hilft etwa bei Entzündungen und Rheuma, Schürfwunden und Prellungen. Junge Mädchen, die sich lange Haare wünschen, wenden folgenden Zaubertrick an: In den Baum ein Loch bohren und einige der eigenen Haare hineinstecken, das Loch wieder verschließen. Schon bald werden die Haare ganz lang gewachsen sein.

Für die Griechen war die Pappel ein Zauberbaum und ihre Schutzgöttin war Medea. Hexen brauchten die Pappel, um Zaubersalben davon zu machen. Man sagt sogar, sie würden nachts in den Kronen der Pappeln Versammlungen abhalten, so wie sie es auch in Weiden tun.

*Holunder*

*Steinbock – Austreibung*

Aus den Zweigen des Holunder werden Wünschelruten gemacht, denn sie gelten als außerordentlich geeignet, verborgene Quellen aufzuspüren. Holunder spielt in sehr vielen Mythen und Legenden eine Rolle. Man sagt ihm übernatürliche Heilungskräfte nach. Auch dieser Strauch wird mit Pan in Verbindung gebracht, der sich mit dem Saft der Holunderbeeren bemalte. Aufgrund der vielen Qualitäten des Strauches, etwa zur Förderung des Schwitzens oder als Farbstoff, wurde der Holunder sehr verehrt. Das gefiel der Kirche gar nicht und sie tat alles, um den Strauch in ein negatives Licht zu stellen. 970 n. Chr. verbot die Kirche die Verwendung des Strauches und tatsächlich geriet die Pflanze aufgrund der üblen Geschichten, die die Kirche verbreitete, in einen schlechten Ruf. Dennoch hielten Teile des Volkes den Holunder in Ehren und auch heute noch ist er eines der meist verwendeten natürlichen Heilmittel. Holunderbeersaft ist ein hervorragendes Mittel bei Erkältungen und Grippe.

## Steine

Seit Tausenden von Jahren tragen die Menschen die schönsten Edelsteine in Juwelen und Amuletten oder sie machen Gebrauchsgegenstände daraus. Die verblüffende Schönheit der Steine mit ihren zahllosen Farbschattierungen, Formen, Zusammensetzungen und Eigenschaften fordern dazu heraus, sich mit schönen Steinen zu umgeben, was wir ja auch ausgiebig tun.

Die Inder sind vielleicht das Volk der Welt, welches sich am längsten intensiv mit Edelsteinen und Mineralien beschäftigt hat. Ihre heiligen Bücher, die Veden, verzeichnen wichtige detaillierte Informationen über die medizinische, aber auch die astrologische Nutzung von Edelsteinen. Die Veden sprechen auch über ein Edelsteinelixier und die äußerliche Anwendung von Edelsteinen, wie sie heute etwa in der Edelsteintherapie genutzt wird.

Die Ägypter schnitten vorzugsweise aus grünem Jaspis oder Lapislazuli ihre Skarabäen, die Symbole der Unendlichkeit und Wiedergeburt. Druiden trugen bestimmte farbige Kristalle und Edelsteine um den Hals, die sie *ovum anguinum* oder *glein neidr* nannten, also Schlangeneier. Jeder, der in die Nähe des Druiden kam, sollte positiv dadurch beeinflußt werden. Priester und Priesterinnen der unterschiedlichsten Kulte trugen Steine als Amulette und nutzten sie zum Orakeln. Sie glaubten, durch die Edelsteine Bilder empfangen und versenden zu können.

Die Verwendung von Steinen in Amuletten ist uralt. Im Mittelalter war es in höheren Schichten üblich ein Amulett zu tragen, das sogenannte Pendentif, ein Schmuckstück mit einem Edelstein in der Mitte. Dieses Amulett diente zur Abwehr des Bösen.

Neben der Wohltat fürs Auge haben Edelsteine noch einen anderen Effekt. Die feine Strahlung, die von ihnen ausgeht, scheint auch besonders heilsame Wirkungen auf den Menschen zu haben. Daher eignen sie sich sehr gut zur Unterstützung von Genesungsphasen oder in magischen Ritualen. Im Haus oder in der Wohnung gut platziert, können die strahlenden Kräfte für Reinheit sorgen.

*Was dem einen eine Eule, ist dem anderen eine Nachtigall*

Ein Diamant besteht aus zusammengepreßtem Kohlenstoff und hat von allen bekannten Gesteinen die höchste Dichte. Experimentell hat man versucht, aus Menschenasche, die auch wesentlich aus Kohlenstoff besteht, Diamanten künstlich zu erzeugen. Das Experiment glückte grandios und seit 2002 fertigt ein us-amerikanisches Unternehmen Diamanten auf Bestellung innerhalb weniger Wochen. Unglaublich, wenn man bedenkt, daß die natürlich entstandenen Diamanten Millionen von Jahren dazu brauchten. Die synthetischen Diamanten gibt es in Größen zwischen 0,25 und 1,25 Karat und kosten ungefähr das Doppelte von echten Diamanten. Für das erfindungsreiche Unternehmen eine lukrative Einnahmequelle. Es gibt offenbar eine ganze Reihe von Leuten, die es schön finden, einen geliebten Menschen nach dessen Tod Tag und Nacht bei sich tragen zu können – als Diamant.

**Einen Stein aussuchen**

Folgen Sie Ihrer Intuition, wenn Sie den richtigen Stein für einen bestimmten Zweck suchen. Vielleicht fühlen Sie sich von der Form oder Farbe eines Steines angezogen, wichtiger ist aber, wie er sich anfühlt. Ein Stein kann noch so prächtig aussehen, doch ob er soviel Kraft und Wärme ausstrahlt, daß Sie ihn in einem Amulett oder nur als Anhänger nutzen möchten, können nur Sie erfühlen. Wenn der Stein in Ihrer Hand zu glühen scheint, ist er der Richtige. Der Stein hat aufgrund seiner magnetischen Strahlung Einfluß auf Sie und damit auf das Ziel, welches Sie zu erreichen suchen. Das hat nichts damit zu tun, ob Sie daran glauben oder nicht, das ist einfach so. Steine können auch zu stark sein oder noch Energien des Vorbesitzers beinhalten, weil sie diese quasi einlagern.

Das Reinigen der Steine ist also zwingend notwendig, denn damit nehmen sie dem Stein die eigene Strahlung nicht weg, wohl aber unerwünschte Fremdstrahlung. Wenn Sie einen Stein in der Hand halten und dabei ein Prickeln fühlen, dann kann der Stein eine zu starke Strahlung haben. Ich habe das schon am eigenen Leibe erfahren, als ich vor Jahren aufs Geratewohl einen Mondstein kaufte, ein Stein, der besonders für alles günstig ist, was mit dem Hormonhaushalt zu tun hat. Um es besonders gut zu machen, wählte ich den größten Mondstein, den ich finden konnte, ohne darauf zu achten, wie er sich anfühlt. Stolz und ungeduldig hängte ich ihn mir um, ohne ihn zuvor zu reinigen. Die Folgen ließen nicht lange auf sich warten. Am Abend setzte meine Regel mit derartiger Macht ein, wie ich es zuvor noch nie erlebt hatte und ich wurde fast ohnmächtig dabei. Ich fand das sehr auffällig, weil es unmittelbar nach dem Umhängen des Stein geschah. Es dauerte Tage, bis ich mich wieder besser fühlte. Das mag illustrieren, welchen Einfluß Steine auf Sie haben können und wie wichtig ein sorgfältiger Umgang mit ihnen ist.

*Die Ägypter sprachen jedem Stein eine eigene symbolische Bedeutung zu:*

*Alabaster – Luft*
*Sandstein – Erde*
*Kalkstein – Wasser*
*Granit – Feuer*

## Steine reinigen

*Nach den Elementen*

Das Reinigen von Steinen nach den Elementen ist nur eine Methode, sie wieder in Ausgewogenheit zu bringen.

Sie brauchen dazu: eine Schüssel Meersalz, Sandelholzweihrauch, eine Kerze und Streichhölzer, eine Schüssel oder einen Kelch mit Wasser.

Entzünden Sie den Weihrauch und die Kerze. Legen Sie den Stein, den es zu reinigen gilt, zuerst in die Schüssel mit dem Salz. Dabei sagen Sie:

Ich reinige diesen Stein mit den Kräften des Elements Erde.

Dann bewegen Sie den Stein durch die Weihrauchwölkchen und sprechen dabei:

Ich reinige diesen Stein mit den Kräften des Elements Luft.

Dann halten Sie den Stein vorsichtig über die Kerzenflamme und sagen:

Ich reinige diesen Stein mit den Kräften des Elements Feuer.
Zum Schluß legen Sie den Stein in die Wasserschüssel und sprechen:
Ich reinige diesen Stein mit den Kräften des Elements Wasser.
Lassen Sie den Stein trocknen und bewahren Sie ihn in einem Samttuch auf.

*In der Erde*

Legen Sie die zu reinigenden Steine in einen irdenen Topf und begraben diesen einen Winter lang in der Erde. Im Frühling sind die Steine wie neu und mit dieser uralten Methode von grundauf gereinigt. Mutter Erde persönlich hat sich der Steine angenommen.

*In Meersalz*

Begraben Sie die Steine 3 bis 7 Tage in einer Schüssel mit Meersalz. Verwenden Sie kein Salzwasser, denn das könnte die Steine beschädigen. Diese Methode dürfen Sie nicht bei porösen Steinen wie Türkisen anwenden. Sie eignet sich besonders für Kristalle. Nach Gebrauch werfen Sie das Salz weg.

## Aufladen von Steinen

Vor dem Gebrauch sollten Sie die Steine mit Ihrer eigenen Energie aufladen. Halten Sie die Steine in der Hand und visualisieren Sie, wie die Energie aus Ihrem Körper in den Stein übergeht.

*Aufladen mit einem bestimmten Ziel*

Steine leiten und verstärken, insbesondere Diamant, Bergkristall, Smaragd und Rubin. Sie nehmen Geisteskraft auf und eignen sich daher besonders für das Aufladen mit heilender Energie, beispielsweise gegen eine Krankheit, oder mit Energie allgemein gegen Streß oder ernste Erschöpfung. Verwenden Sie dann eine Kombination von Gagat und Bergkristall, wobei letzterer etwas größer sein sollte. Legen Sie die Steine paarweise ins Schlafzimmer jeweils an Kopf- und Fußende des Bettes. Sie sollten nicht direkt nebeneinander liegen.
Nachdem die Steine ihren Dienst getan haben, müssen sie gereinigt werden. Sie sehen, daß der Stein seine Wirkkraft verloren hat, wenn er stumpf geworden ist.

## Steinsingen

Die folgende schöne Methode, mit Steinen in Kontakt zu treten, wurde mir von meinem guten Hexenfreund Walter van Coppenolle verraten. Setzen Sie sich bequem hin. Nehmen Sie einen Stein (einen Kieselstein zum Beispiel) und halten sich diesen an die Lippen. Schließen Sie die Augen und beginnen Sie nun Töne zu summen wie etwa OM oder ähnliches. Die Töne bringen den Stein zum Vibrieren. Je nachdem wie Sie den Mund geöffnet haben (halboffen oder geschlossen) spüren Sie die Vibrationen unterschiedlich, so als ob Sie ein Musikinstrument spielen. Es scheint magisch, doch nach einer Weile können Sie nicht mehr unterscheiden, ob Sie die Töne hervorbringen oder der Stein. Es entsteht ein Gefühl von Einheit zwischen dem Stein und Ihnen. Die Dauer ist gleichgültig. Hören Sie auf, wann Sie möchten. Hinterher fühlen Sie sich in jedem Falle wie neugeboren.

Steinsingen geht auch in der Gruppe, vielleicht als schöner Bestandteil eines Rituals. Jeder nimmt einen Stein und zusammen bilden Sie einen lebenden Steinkreis. Halten Sie jeweils Ihren Stein auf Bauchhöhe vor sich. Schon summend heben Sie die Steine zweimal an die Stirn und singen dabei: *Fayah sitong no brong mi so, no brong mi so.*
Geben Sie mit der linken Hand Ihren Stein an Ihren linken Nachbarn weiter und nehmen Sie gleichzeitig mit der rechten Hand den Ihres rechten Nachbarn in Empfang. Während des Singens und Weitergebens wiederholen Sie singend die folgenden Worte: *Aa dja-ma sumassa kiri suma pi djing.* Wiederholen Sie dies so lange, bis Sie Ihren eigenen Stein wieder in Händen halten. Führen Sie ihn wieder zweimal an die Stirn. Dadurch verbinden Sie sich mit allen Steinkreisen dieser Welt.
Die Übersetzung der indonesischen Worte lautet ungefähr: *Guten Tag heißer Stein, verbrenn mich nicht, verbrenn mich nicht. Wenn ich dich weitergebe, verbrennst du meine Finger nicht, verbrennst du meine Finger nicht.*

### Steine und Astrologie

Im Folgenden verzeichne ich lediglich die Steine der Erdzeichen Stier, Jungfrau und Steinbock. Für die übrigen Tierkreiszeichen finden Sie entsprechende Listen in den Büchern über *Luft*, *Wasser* und *Feuer*. In *Moderne Hexen* finden Sie eine umfangreiche Tabelle mit den Wirkungen und zugehörenden Korrespondenzen der Steine.

### *Stier*

*Achat*

Magische Nutzung: zieht Liebe an, regt Träume an, schützt vor Gefahren, stimuliert die Kühnheit, wehrt den bösen Blick ab.
Heilanwendungen: Skorpion- und Schlangenbisse, Vergeßlichkeit, Vergiftungen, Taubheit, Probleme mit Nieren, Prostata, Blase und Hirn, Morgenmuffeligkeit, Bluthochdruck, Beschwerden der Luftwege, Ohrensausen und Sehvermögen.

*Aventurin*

Magische Nutzung: Glück in Liebe und Spiel, fördert Einsicht und Kraft, bringt Glück.
Heilanwendungen: Allergie, Heuschnupfen, Nesselsucht; verbessert das Sehvermögen, verstärkt den Haarwuchs, hilft gegen Osteroporose, Hautjucken, Psoriasis und Akne, Herzschmerzen, Schwellungen, regt die Selbstheilungskräfte an.

*Rosenquarz*

Magische Nutzung: Vereinigung von männlich und weiblich, glückliche Liebe, regt die Phantasie und die Kunst an.
Heilanwendungen: Magenbeschwerden, Multiple Sklerose, Parkinsonkrankheit; tröstend und heilend bei Liebeskummer; Dislexie; Heimweh; mildert Altersbeschwerden; hervorragender Stein für Kinder, u.a gegen Bauchkrämpfe von Babys; bringt Ruhe und Ordnung, vertreibt Würmer, gegen Durchfall und Darmstörungen.

### *Jungfrau*

*Karneol*

Magische Nutzung: wehrt Unglück ab, hilft bei Familienproblemen; schützt vor Unfällen, Alpträumen und dem bösen Blick.

Heilanwendungen: blutstillend, hilft bei schlecht heilenden Wunden, Infektionen, Krämpfe, Magenschmerzen, Rheuma, Diabetes, Hämorrhoiden, Haarausfall, Verdauung, gegen kalte Hände und Füße, Erkältung, Blutvergiftung, Fieber, gegen Vergiftungen.

*Bernstein*
Magische Nutzung: wehrt Unheil ab, verwandelt Unheil in Glück, anregend, Hellsichtigkeit. Heilanwendungen: Depressionen, Ängste, Gicht, Krämpfe, Infekte, Ohrenentzündung; gibt Erleichterung bei Kinderkrankheiten, gegen Vergiftungen, Schwindel und Hyperventilation; bei Blasenbeschwerden, Herzbeschwerden und Mandelentzündung, Darmstörungen, Abgespanntheit, Malaria, Gelbsucht, Keuchhusten und beim Zahnen; schützt die Atemwege, für Asthmapatienten ist dieser Stein ein Muß; desinfiziert und wirkt positiv auf eine Schwangerschaft.

*Lapislazuli*
Magische Nutzung: Freundschaftsstein, regt den Verstand an, Liebe und Selbstvertrauen.
Heilanwendungen: Depression, Epilepsie, Schlaganfall, Angst und Phobien, Hirnblutung, Schlaflosigkeit; stimuliert den Haarwuchs, mildert Schmerzen und Kummer, hilft gegen Warzen (mit dem Stein bestreichen), Gallenkoliken, Osteroporose, Wassersucht, Zahnprobleme, Gürtelrose, Haarausfall, Übermüdung; stärkt Herz und Milz; fördert die Heilung von Knochenbrüchen.

### *Steinbock*

*Obsidian*
Magische Nutzung: in Konfliktsituationen, gegen negative Energie.
Heilanwendungen: Augenbeschwerden, Sehvermögen, Selbsterkenntnis, Bakterien, Entzündungen, Infekte; läßt beide Hirnhälften besser zusammen arbeiten; gut für Därme und Verdauung, gibt Vitalität, schärft den Blick. Konfrontiert mit dem eigenen Selbst, gibt Tatkraft und ist gut für die Konzentration.

*Bergkristall*
Magische Nutzung: überwindet Angst, Symbol der Reinheit, Geduld, Ausdauer und Unendlichkeit.
Heilanwendungen: Hormonstörungen, Entzündungen, Abszesse, Schwindel, Reisekrankheit, Unpässlichkeit, Rückenschmerzen; gut für die Nieren und bei Krämpfen, kalten Händen und Füßen, Menstruationsstörungen, Angst, Gelbsucht; bei schlechten Träumen, Sucht, Leukämie und Darmstörungen; gut für Haut, Haar und Nägel.

*Diamant*
Magische Nutzung: Liebe, Aufrichtigkeit und ewige Treue, bei unlauterer Verwendung bewirkt der Diamant das Gegenteil; fördert das Selbstbewußtsein, gibt Stolz, Frische und Klarheit.
Heilanwendungen: Augen, Blutkreislauf, (Blut)Vergiftung, Epilepsie, Gicht, Gelbsucht, Angst, Unsicherheit und Eifersucht.

# ERDE - SYMBOLE

Nutzen Sie diese Symbole beim Anfertigen von Amulette und Talismanen oder für Aufzeichnungen in Ihrem magischen Tagebuch (Buch der Schatten).

**Ähre** - Nahrung der Erde

**Alchemistisches Symbol der Erde** - Dreieck mit der Spitze nach unten

**Ameise** - Selbstdisziplin, Teamwork, Durchsetzungsvermögen

**Apfel** - Fruchtbarkeitssymbol

**Bär** - Kraft, Winterschlaf

**Berge** - Abreiseort aus dem irdischen Leben. Berge können auch Wachstum bedeuten

**Baum** - Symbol für Ishtar; abgebildet mit einem Baum, dessen Wurzeln tief in der Erde verankert sind

**Birne** - Liebessymbol

**Busch** - Versteck, Unterschlupf

**Frosch / Kröte** - Seit altersher ein Hexen- und Fruchtbarkeitssymbol

**Gefäße** - Nahrung aufbewahren

**Globus** - Erdkugel

**Grotte** - Heiliger Ort, wo es meist auch einen heiligen Brunnen oder Stein gibt. Ein Versteck und Unterschlupf, zugleich auch der (Wieder)Geburt

**Hund** - Freundschaft, Treue, Beschützer der Hausgenossen

**Kaninchen / Hase** - Fruchtbarkeit, Sexualität und Überfluß

**Keltisches Kreuz** - Die Erde und ihre vier Viertel, die Einheit der Erde in der spirituellen Welt

**Kleeblatt, vierblättiges** - Die vier Blätter stehen für Gesundheit, Wohlstand, Glück und wahre Liebe

**Kuh** - Die Kuh wurde ebenso wie der Stier als Symbol für den Mond betrachtet. Die ägyptische Mondgöttin Hathor wurde mit einem Kuhkopf dargestellt. Erde, Mutter, Fürsorge, das Sorge tragen für geistige Bedürfnisse, Reichtum der Erde

**Labyrinth** - Eine Auswahl treffen, Rückkehr in die Gebärmutter, Einweihung

**Pentagramm** - Symbol für den Menschen und auch für die Erde

**Pferd** - Große Kraft in Kombination mit großer Sanftmut. Kraft sowohl in körperlicher als auch geistiger Hinsicht

**Pilz** - Symbolisiert die Grenzen des Bewußtseins und die Erkenntnis anderer Welten

**Quadrat** - Erdsymbol. Prithivi, das Hindu-Tattwa für Erde. Wird häufig bei Meditationen verwendet. Materielle Welt und Sicherheit

**Ring** - Symbol der Unendlichkeit

**Schildkröte** - Liebe, Schutz, Gesundheit, Wissen

**Schlange** - Die Schlange, stark und geheimnisvoll, steht als Symbol für das Chaos, den Tod, das Leben, für Weisheit und Transformation

**Schwein** - Schwangerschaft, Fruchtbarkeit und Glück

**Spinne** - Talent. Glückszeichen für kreative Menschen und Hexen

**Spirale** - Symbolisiert die Suchen ach dem eigenen Kern. Evolution, Wachstum und Fortschritt, den Strom der Energie

**Stier** - Der Stier ist seit altersher ein Erdsymbol, das zugleich auch andere Elemente vertritt. Symbol für Sonne und Mond. Fortpflanzung, Fruchtbarkeit, Kraft und Regeneration

**Tannenzapfen** - Fruchtbarkeit, Wachstum und Glück

**Wolfshund** - Mut, Stärke, Loyalität. Muttersymbol

# NAHRUNG DER ERDE

Es wird wieder trendy, selbst Brot zu backen. Tatsächlich ist dies ein uraltes Handwerk, das so schwer gar nicht ist. Durch die Erfindung der Brotbackautomaten ist das Brotbacken noch viel einfacher geworden. Wenn auch das Kneten des Teiges von Hand viel mehr Arbeit macht, so verschafft diese Tätigkeit doch bei weitem mehr Ruhe und Befriedigung. Das ganze Haus duftet nach frischem Brot und es schmeckt auch viel besser als das Fabrikbrot aus dem Supermarkt.

**Geschichte des Brotes**

Die Ägypter erfanden vor über 6000 Jahren das Brot und verwendeten es auch Zahlungsmittel. In den folgenden Jahrhunderten entstanden mindestens fünfzig Brotvarianten mit Kräutern, Gewürzen und anderen Zutaten wie Sesam- oder Mohnsaat.

Brot backen ist pure (Al)Chemie, das Resultat ist ein völlig anderes, als die Stoffe, aus denen es entstand. Dies gilt eigentlich für alle Kochvorgänge. Die Ägypter, Meister der Mathematik und Chemie, wußten auch die herrlichsten Gericht zuzubereiten. Eine Legende berichtet, daß Thot, der Gott der Weisheit und der Schrift, seine Rezepte in einem dicken Buch sammelte, welches er in sechs Kisten verstaute und auf einem einsamen Eiland verborgen hielt. Leider wurde es nie gefunden, sonst hätten die ägyptischen Restaurants der Gegenwart vielleicht etwas Interessanteres anzubieten als das übliche Shoarma mit Knoblauchsoße.

Ihren Mumien gaben die Ägypter Getreidekörner mit, so daß die Seele im Jenseits nie Hunger leiden solle. Oft wickelten sie auch Brot mit in die Bandagen.

Die Griechen, ursprünglich Hirten und Soldaten, kauften ihr Korn zunächst von den Ägyptern oder den Römern. Ihr eigenes Land eignete sich nicht so gut für den Getreideanbau. Doch letztendlich schauten sie sich die Kunst ab und lernten ebenfalls mit dem Pflug zu hantieren. In weniger felsigen Gegenden begann man mit dem Getreideanbau.

Wenngleich die meisten Griechen wenig Spaß an dieser Arbeit fanden, sprachen sie dieser Arbeit eine wichtige Funktion zu, sodaß der Landbau fast eine sakrale Tätigkeit wurde.
Die Griechen betrachteten die Erde als ein lebendes Wesen, welches sie mit Ehrfurcht behandelten. Das Ernten und Verarbeiten der Früchte wie Trauben, aber auch Getreide oder Flachs, die, so glaubte man, alle eine eigene Seele hatten, wurde als Folter gesehen und mit dem Tode bestraft. Der Mensch fühlte sich schuldig, weil er töten mußte, um zu essen, zu trinken und sich zu kleiden. daher wurde immer ein Teil des Genommenen den Göttern geopfert, um diese günstig zu stimmen. So entstand um 700 v.Chr. der Demeter-Kult (s. S. 18).
Die Gewohnheit, Brot bei der Mahlzeit als Dankopfer zu verwenden und um die Götter günstig zu stimmen kennen wir auch in unserem eigenen Land schon sehr lange. So formte man aus Brot eine Tierfigur anstelle des Opfertieres, sodaß das echte Tier nicht geschlachtet werden mußte.
Für die Germanen, Kelten und die slawischen Völker war der Ackerbau eher ein notwendiges Übel. Sie kannten zahlreiche Bräuche und magische Abwehrmittel gegen böse Geister und aus Furcht vor der Rache der Götter. Die Angelsachsen standen dem nicht nach. Sie nannten den Pflug beispielsweise pig's nose (Schweinerüssel). So brauchten sie die Schuld nicht auf sich zu nehmen, denn es war ja die Schweineschnauze, welche die Erde umpflügte.
Gerade um das Pflügen, Säen und Ernten rankten sich zahlreiche Bräuche. Heute mögen diese Bräuche uns vielleicht albern vorkommen, früher waren sie bitterernst gemeint. Wenn man den Pflug erstmals in dem Jahr benutzte, legte man etwa ein Ei davor auf den Boden. Zerbrach das Ei beim Anpflügen, dann nahm die Erde es als Opfer an. Vergaß man, eines vor den Pflug zu legen, war das ein sicheres Zeichen, daß bald jemand in der näheren Umgebung sterben würde. Wer gar von einem Pflug träumte, konnte sicher sein, daß der Tod auf ihn wartet.
Das goldene Kornfeld barg fürchterliche Geheimnisse: Wenn es raschelte, waren Hexen, vor denen man sich in Acht nehmen mußte. Selbst wenn es mucksmäuschenstill da lag, schien es bedrohlich. Dann steckte bestimmt ein Spuk dahinter.

Den letzten Rest der Ernte nahm man als ‚Gefangenen‘ mit, welcher verspottet und beschimpft wurde, als sei es ein echter Mensch. Anschließend wurde dieser letzte Teil der Ernte den Göttern geopfert.
Die bekannten geflochtenen Brotzöpfe sind ursprünglich germanische Fruchtbarkeitsopfer, symbolisieren aber zugleich geflochtene Haare. In alten Zeiten war es üblich, daß eine Frau ihrem verstorbenen Krieger-Gatten ins Grab folgte. Später legte man stattdessen einen Haarzopf der Ehefrau ins Grab, welcher später wiederum durch einen geflochtenen Brotzopf ersetzt wurde.

Brot ist ein Produkt, in dem alle vier Elemente zusammen gekommen sind: Das Getreide (Erde), zu Mehl vermahlen, etwas Salz (Erde), Wasser, Hefe (Luft) und Feuer, um es zu backen.

**Alte Bräuche rund um das Brot**

In der Geschichte findet man zahlreiche Beispiele von Gewohnheiten und Gebräuchen rund um das Brot, die heute kaum noch praktiziert und meistenteils völlig in Vergessenheit geraten sind.

- Die Germanen glaubten, daß Brot und Korn Gaben der Dämonen seien. Das war auch der Grund, warum es geopfert werden mußte.
- Bei den Muslimen war es üblich, ein herunter gefallenes Stück Brot beim Aufheben zu küssen. Auch beim Anschneiden eines frischen Brotes wurde dieses als Dank für die harte Arbeit, mit der das Brot letztlich erst entstehen konnte, geküßt. Das scheint mir gar nicht so verrückt. Dankbarkeit ist eine schöne Tugend. Allein das Backen eines Brotes auf traditionelle Weise macht sehr viel Arbeit und da ist es nur logisch, es auf diese Weise zu ehren. Und eine wirkliche Strafe ist es ja auch nicht, ein frisches, duftendes Brot zu küssen.
- Wenn das Brot nicht auf die richtige Weise auf den Tisch gelegt wurde, deutete das auf bevorstehenden Streit in der Familie hin. Der Anschnitt eines Brotes durfte niemals auf der Ecke des Tisches liegen, denn dann wäre das Glück aus dem Haus geflohen. Brot von der Straße aufzuheben, war von Übel, wenn es auch in Zeiten von Hun-

gersnot sehr verführerisch war. Denn solches Brot war höchstwahrscheinlich von einer Hexe absichtlich dort hingelegt worden war, um denjenigen, der es aufhob, unter ihre Macht zu bringen.

- Wer Brot in einem Beutel mit sich führte, brauchte sich nicht zu fürchten. Verlor er jedoch das Brot, dann lauerte das Unglück, denn so konnte eine Hexe der Spur folgen.
- Auch das Weggeben von Brot war mit allerlei Regeln belegt. Zuerst mußte der Knust abgeschnitten werden, denn sonst hätte man das eigene Glück mit weggegeben. Noch warmes Brot zu verschenken war ebenfalls gefährlich, man hätte dafür etwas Kaltes, womöglich den kalten Tod, zurückbekommen.
- Wer umzog, mußte Brot und Salz aus der alten mit in die neue Wohnung tragen, um Heimweh vorzubeugen. Das galt übrigens auch für die Haustiere. Sie bekamen im neuen Haus ebenfalls zuerst altes Brot zu fressen.

Es gab auch einige Brotbräuche im Zusammenhang mit der Hochzeit.

- Am selbst gebackenen Brot einer heiratswilligen Frau konnte man ablesen, welche Art Mann sie wohl bekäme. Ein Brot mit Rissen bedeutete, es wird ein rauher Kerl. Eigentlich ist dies bereits eine Divinationsform.
- Steckte man Brot und Salz in die Schuhen der Braut, so sollte dies Glück bringen. Eine Braut, die zu Hause die Hosen anhaben wollte, zog sich ihr Kleid in einer Backstube an. Nur so konnte sie sicher sein, daß sie der Boss im Hause ist, selbst wenn sie (s.o.) einen rauhen Kerl abbekommen hatte.
- Frauen durften beim Teigkneten und Backen unter keinen Umständen singen, das brachte Unglück. Und das, wo doch gerade die leckeren Düfte des backenden Brotes zu Freudengesängen geradezu herausfordern!

  Vom letzten Stück Teig formte man eine kleine Götterfigur, die als Haussegen diente. Dieser Brauch wurde vor allem in Tirol gepflegt. Jeder Bäcker kannte diese Figur als ‚Gott‘.

In früheren Zeiten brachten die Muslime bei ihren Begräbnisritualen den Elementen Brot und Getreideopfer dar. Man entließ zuvor mit Brot und Getreide gefütterte Vögel in die Luft. Die Fische bekamen auch ihren Teil. Getreideähren, in Ameisenhaufen begraben, galten als Opfer für die Erde und zum Schluß war man Kuchen als Opfer ins Feuer.

# REZEPTE ZUM ELEMENT ERDE

**Bäckerverdruß**

Dieses Gericht heißt so, weil die Menschen, die es zubereiteten, sparsam sein mußten und dazu altes Brot verwendeten. Zum großen Verdruß für die Bäcker, die lieber Kunden sahen, die jeden Tag kamen, um frisches Brot zu kaufen.

*8 bis 9 Scheiben altes, trockenes Weißbrot ohne Kruste – 250 ml Milch – 500 g Apfelmus – 1 EL Zimt – Zucker nach Geschmack – Butter*

Den Backofen auf 220° vorheizen. Verteilen Sie etwas Apfelmus auf dem Boden einer feuerfesten Schüssel. 2 bis 3 Scheiben Brot durch die Milch ziehen und mit Zimt und Zucker bestreuen. Die so gezuckerten Brotscheiben auf das Apfelmus legen. Dann wieder Apfelmus darauf verteilen und die nächsten Brotscheiben in Milch schwenken, zuckern und in die Schüssel legen. Die letzte Lage wird mit Apfelmus abgedeckt. Mit etwas Zucker und Zimt bestreuen und einige Butterflocken darauf verteilen. Die Schüssel nun ca. 25 Minuten in den Backofen stellen. Wenn die oberste Schicht knusprig und goldbraun ist, dann ist das Gericht fertig.

**Brotkuchen**

Ein sehr einfacher und herzhafter Kuchen, der noch heute gerne von den Zigeunern gegessen wird. Essen Sie den Kuchen zu Fleisch- und Gemüsegerichten, oder einfach so aus der Hand mit Speck und gebratenen Zwiebeln. Die ungarischen Zigeuner buken diesen Kuchen, dessen ursprünglicher Name Vakaró ist, früher einfach direkt auf der Herdplatte.

*500 g Weizenmehl – 1/2 TL Backpulver – 10 g Salz – 4 bis 5 dl Buttermilch oder türkischen Joghurt*

Salz und Mehl mischen und eine Kuhle hinein drücken. Das Backpulver und die Buttermilch zugeben. Alles ordentlich zu einem geschmeidigen Teig verkneten, zu einer dicken Scheibe ausrollen und in gleich große Stücke schneiden. Diese jeweils zu flachen Fladen ausrollen. Auf einer heißen Backplatte oder in der Pfanne von beiden Seiten etwa 5 Minuten ausbacken.

Der schottische *Hot Cross Buns*, frei übersetzt ‚heiße Kreuzkrapfen', wurde meist am Karfreitag gegessen, geht aber auf einen vorchristlichen Brauch zurück. Die Kreuze auf dem runden Brötchen symbolisieren den Kreis mit den vier Windrichtungen aber auch die Lebensenergie.

**Flechtbrötchen**

*670 g Mehl – 260 ml Wasser – 14 g Salz – 38 g Butter oder 50 ml Pflanzenöl Öl – 2 Eier – 6 Vitamin C-Tabletten, zermörsert – 35 g Zucker – 1 Beutel Trockenhefe*

Wer eine Brotbackmaschine besitzt, braucht nur alle Zutaten in die Maschine zu geben und das Teigprogramm zu wählen. Den Rest erledigt die Maschine und zeigt an, wann der Teig fertig ist. Per Hand geht das etwas anders. Das Mehl sieben und mit der Trockenhefe mischen, Salz, Eier, Wasser und Butter oder Öl zufügen. Alles gut mischen und dann gut eine viertel Stunde durchkneten. Den Teig mit einem feuchten Geschirrtuch abdecken und an einem warmen Ort aufgehen lassen. Nach etwa 1 Stunde den Teig nochmals durchkneten, in kleine Kugeln portionieren und daraus Würste formen. Jeweils zwei oder drei Würste (je nach Geschicklichkeit) miteinander verflechten oder verdrehen und auf ein gefettetes Backblech verteilen. Lassen Sie genug Platz zwischen den einzelnen Zöpfchen! Wieder mit einem feuchten Geschirrtuch abdecken und erneut gehen lassen. Nach etwa 50 Minuten den Backofen 10 Minuten lang auf 200°C vorheizen. Die Brötchen hinein schieben und wenn der Ofen auf Temperatur ist, mit gekleppertem Ei bestreichen. Dann ca. 15 bis 20 Minuten backen.

Vorgehen bei einem großen Brot in der Form: den Teig in die gefettete Form füllen und mit einem feuchten Tuch abgedeckt ca. 45 Minuten gehen lassen (das Volumen sollte sich dann ungefähr verdoppelt haben). den Backofen auf 225°C vorheizen. Wenn der Backofen auf Temperatur ist, das Brot in den Backofen schieben und nach 10 Minuten die Temperatur auf 175° reduzieren und noch 60 Minuten backen. Kurz danach die Oberseite mit Wasser bestreichen und dann das Brot aus der Form holen.

**Korinthenkrapfen**

*6 g Zimt – 16 g Salz – 24 g Zucker – 2 Beutel Trockenhefe – 6 g Vanillezucker – 475 g Korinthen und Rosinen – 30 g Butter – 600 g Mehl – 2 Eier, gekleppert – 350 ml Wasser*

Die Korinthen und Rosinen ca. 1 Stunde in Wasser einweichen und gut mit einem Küchentuch abtrocknen. Dann wie unter dem Rezept 'Flechtbrötchen' angegeben weiter arbeiten.

**Hexenbrotkugeln**

*500 g Mehl – 40 g frische Hefe – 1/8 Liter Wasser – 60 g Butter oder Öl – 1 TL Salz – 80 g Sirup – 2 Eier – 2 EL fein gemahlenen Anis*

Das Mehl in eine Schüssel sieben und eine Kuhle hinein drücken. Die Hefe einbröckeln. Sirup und lauwarmes Wasser zugießen und die Hefe darin auflösen. Mit ein wenig Mehl zu einem Vorteig verrühren. Diesen abdecken und eine gute viertel Stunde an einem warmen Ort aufgehen lassen. Dann die restlichen Zutaten einrühren. Ordentlich miteinander verschlagen, bis ein glatter Teig entstanden ist. Wenn Luftblasen darin aufsteigen, ist es genau richtig. Nun die Schüssel wiederum mit einem feuchten Tuch abdecken und erneut mindestens 1 Stunde aufgehen lassen. Die Arbeitsfläche mit etwas Mehl bestäuben und den Teig darauf zu einer Rolle formen, von der Sie kleine Stücke abschneiden. Diese zu kleinen Kugeln formen und auf ein gefettetes Backblech legen. Mit einem trockenen Tuch abdecken und noch rund 30 Minuten aufgehen lassen.

Die Kugeln auf mittlerer Schiene im vorgeheizten Backofen bei 200°C ca. 20 Minuten backen (bei Gasöfen auf 3 oder 4).

Mit Butter und Marmelade bestreichen oder mit braunem Zucker bestreuen und zum Tee servieren.

## Apfelbrot

*400 g Mehl – 190 ml lauwarme Milch – 30 g Butter – 1 Ei – 100 g braunen Zucker (wenn die Brötchen süßer werden sollen: 50 g mehr) – 1 bis 2 EL Zimt – 150 g Rosinen – 1 großen säuerlichen Apfel (oder 2 kleine) – 1 Schuß Rum – 1 bis 2 Vitamin C-Tabletten, zermörsert – 1 Beutel Trockenhefe – 7 g Salz*

Mehl, Milch, 50 g Zucker, Ei, Salz, Butter, Vitamin C und Hefe in den Brotbackautomaten füllen und das Programm für süßes Brot, 500 g, mittlere Kruste einschalten. Die Rosinen im Rum einweichen. den Apfel schälen und in dünne Scheiben schneiden. Wenn der Teig fast fertig ist, den restlichen Zucker, Zimt, Rosinen und Apfelscheiben zugeben. Nötigenfalls noch einmal mit der Hand den Teig durchkneten. Wenn er zu feucht ist, noch etwas Mehl zugeben. Ich prüfe zwischendrin immer wieder, ob der Teig elastisch genug ist. Dann das Programm backen lassen. Apfelbrot ist herrlich locker und leicht. Mit etwas Butter und Zimt-Zucker zu einem Becher Ingwertee oder heißer Anismilch servieren. Wenn Sie keinen Brotbackautomaten haben, dann müssen Sie alles per Hand verkneten und zwischendurch mehrfach abgedeckt an einem warmen Ort aufgehen lassen.

## Vogelbrötchen

*670 g Mehl – 260 ml Milch oder Wasser – 12 g Salz – 38 g Butter oder 50 ml Pflanzenöl – 2 Eier – 6 Vitamin C-Tabletten, zermörsert – 26 g Zucker – 1 Beutel Trockenhefe – Korinthen – 1 zusätzliches Eidotter*

Wer über einen Brotbackautomat verfügt, braucht nur die Zutaten in die Form zu geben und das Teigprogramm anzuschalten. Dann den Teig herausnehmen und wie unten beschrieben weiter verarbeiten. Per Hand geht es etwas anders. Dazu das Mehl sieben, Salz, Eier, Wasser und Fett zugeben. Die Hefe mit etwas Milch oder Wasser und dem Zucker anrühren und in den Teig einkneten. den Teig gut eine viertel Stunde kneten und dann mit einem feuchten Geschirrtuch abgedeckt an einem warmen Ort aufgehen lassen. Nach etwa 1 Stunde den Teig nochmals kneten und dann die Brötchen daraus formen.

Dazu den Teig in Stücke zerschneiden und daraus jeweils Würste rollen. Diese dann zu einem lockeren Knoten zusammenlegen. Das eine Ende nach oben biegen und an die Stelle des Vogelauges eine Korinthe eindrücken.

Auf ein Backblech legen und nochmals eine Stunde aufgehen lassen. Dann bei 200°C ca. 20 Minuten goldbraun backen. Kurz bevor die Brötchen fertig sind mit gekleppertem Eigelb bestreichen. Auf einem Rost abkühlen lassen.

*Variation:* Diesen Teig können Sie auch zu Herstellung anderer Figurbrote verwenden, z.B. ein Göttinnenbrot. Formen Sie den Teig dazu wie in der nebenstehenden Zeichnung dargestellt.

**Süße Reisrauten mit pochierten Pfirsichen**

*400 g Schnellkochreis – eine Prise Salz – Zucker – Milch – 1 Tasse Kokosmilch – Zimt – 10 frische Pfirsiche – 1/2 Liter Weißwein – ein Stück Zimtstange*

*1. Vorbereitung (am Tag zuvor)*

Den Reis waschen. Milch und Kokosmilch erhitzen und Reis zugeben. Nehmen Sie dazu etwas mehr Milch, als sonst Kochwasser nötig wäre. Wenn der Reis zu trocken wird, noch etwas Milch zugeben. Nach Geschmack zuckern und mit einer Prise Salz und Zimt würzen. Wenn das Ganze kocht, vom Herd nehmen. Den Deckel auf dem Topf lassen und den Reis in der eigenen Hitze quellen lassen. Prüfen Sie nach etwa einer _ Stunde, ob der Reis schon fertig ist. Dann ggf. abgießen. Etwas Restfeuchte darf ruhig verbleiben. Schmecken Sie den garen Reis ab und geben ihn in eine viereckige Schale. Gut andrücken. Die Schale in den Kühlschrank stellen und am nächsten Tag weiter verarbeiten.

*2. Am folgenden Tag*

Den Wein in einer Pfanne mit etwas Zucker und der Zimtstange erwärmen. Pfirsiche oder Nektarinen schälen und halbieren, die Kerne entfernen. Die Hälften mit der Rundung nach oben in den Weinsud le-

gen und auf kleiner Flamme etwa 1/2 Stunde pochieren. Die fertigen Pfirsiche aus der Pfanne nehmen und abkühlen lassen. Den Weinsud mit Zucker mischen und auf höherer Flamme zu Sirup eindicken. Abkühlen lassen.
Den Reis aus dem Kühlschrank nehmen und auf eine Platte stürzen. In Rauten schneiden und auf Dessertteller legen. Die Pfirsichhälften darauf oder daneben dekorieren und mit etwas Sirup übergießen. Mit einem süßen Dessertwein servieren.

# MAGISCHE UND RITUELLE REZEPTE

### Salzteig für Brotmagie

*1 Tasse Salz – 2 Tassen Mehl – 1/2 Tasse Wasser – 2 EL Sonnenblumenöl – eventuell Lebensmittelfarbe*
Alles miteinander gut verkneten. Gegebenenfalls aufteilen und einzelne Stücke mit Lebensmittelfarbe einfärben. Nach dem Kneten etwas ruhen lassen. Falls Sie den Teig nicht sofort weiter verarbeiten möchten, können Sie ihn in Folie gewickelt im Kühlschrank aufbewahren, möglichst aber nur einen Tag. Formen Sie aus dem Teig die gewünschte Figur und backen diese etwa 1 Stunde bei 100°C und dann noch einmal 50 Minuten bei 175°C. Achten Sie darauf, daß die Figuren nicht zu dunkel werden. Wen die Figuren sehr klein sind, passen Sie die Backzeit entsprechend an. Wenn sich die Brotpuppen leicht anfühlen und hohl klingen, sind sie fertig.

### Duftige Leckereien

In viele Rezepten werden ätherische Öle verwendet. Dafür verwenden Sie aber bitte nur hundertprozentig reine, natürliche ätherische Öle, keine synthetischen Duftöle!

Ein paar Tips:
* Testen Sie vor Gebrauch das Öl auf der Haut, um festzustellen, ob Sie allergisch darauf reagieren (am besten geht das in der Ellenbogenbeuge)
* Wenn Sie Zitrusöle äußerlich verwendet haben, sollten Sie 3-4 Stunden direkte Sonne vermeiden.
* Verwenden Sie ätherische Öle nie pur, auch nicht als Badezusatz. Immer mit einem Basisöl oder Sahne mischen!
* Ätherische Öle niemals in die Augen kommen lassen!

Das Himalayasalz, welches Sie in vielen Rezepten finden, ist ein reines, natürliches Steinsalz aus dem Himalayagebirge, das keinerlei chemischen Behandlungen unterzogen wurde. Es beinhaltet 84 Mineralien und Spurenelemente. Sie können es natürlich durch gewöhnliches Kochsalz ersetzen, doch gesünder ist Himalayasalz allemal.

*Erdendes Bodyöl*

Ein regenerierendes Körperöl, das die Verbindung mit den Kräften der Mutter Natur verstärkt:
*50 ml Jojobaöl (Basisöl) – 10 Tropfen Petit Grain – 15 Tropfen Lemongras (Zitronengras) – 2 Tropfen Vetiver*

*Naturparfüm*

Mischen Sie die beim Bodyöl angezeigten Öle in gleicher Menge (insgesamt 27 Tropen) mit nur 5 ml Jojobaöl.

*Aromatherapeutische Badesalze*

Ein Bad mit ätherischen Ölen ist herrlich, allerdings lösen sich die Öle nicht leicht im Wasser. Mischen Sie sie daher zuvor mit Himalayasalz, dann werden sie vollständig vom Wasser aufgenommen.

Und das macht man so:
Geben Sie das Salz in ein Schraubglas und tropfen Sie etwas ätherisches Öl darauf. Nun den Deckel aufs Glas schrauben und kräftig durchschütteln. Jetzt noch ein Etikett aufkleben, welches die Zutaten nennt und wobei es hilft, und fertig ist das aromatherapeutische Badesalz.

Therapeuten verwenden nie mehr als 5 % ätherische Öle in einem Badesalzrezept. Geben Sie also maximal 5-7 Tropfen auf 2 EL Badesalz. Gewöhnliches Kochsalz ist zwar billig, oft aber chemisch behandelt. Verwenden Sie es nicht für Badesalze, sondern gönnen Sie sich lieber die zwar teureren, aber dafür reinen Natursalze etwa aus dem Bioladen oder aus speziellen Naturkosmetik-Geschäften.

*Einige Erd-Rezepte*

*Für das Haar:*
1 Tropfen Rosenholz, 3 Tropfen Sandelholz, 2 Tropfen Vetiver
*Für Ihn:*
3 Tropfen Zeder, 1 Tropfen Weihrauch, 3 Tropfen Zypresse

Für ein aromatisches und erdendes Fußbad mit anschließender Fußmassage.
***Für das Fußbad:***
*2 EL grobes Himalayasalz – 3 Tropfen Palmarosa – 1 Tropfen Benzoë*
Zutaten mischen und dem warmen Wasser zufügen. Das Wasser mit einer Tasse immer wieder vom Knie abwärts über die Beine laufen lassen.

***Massageöl für die Fußmassage:***

| | *weiblich* | *männlich* |
|---|---|---|
| *Basisöl* | Jojobaöl 5 ml | Jojobaöl 5 ml |
| | Sesamöl 5 ml | Macadamia 5 ml |
| *ätherische Öle* | 2 Tropfen Palmarosa | 2 Tropfen Lemongras |
| | 1 Tropfen Mairose | 1 Tropfen Myrrhe |
| | 1 Tropfen Jatamansi | 1 Tropfen Weihrauch |
| | 1 Tropfen Jasmin | 1 Tropfen Sandelholz |
| | 1 Tropfen Vetiver | 2 Tropfen Zeder |

Mischen Sie die Öle in einem Fläschen durch leichtes Schütteln. Die angegebene Menge reicht für 5-7 Behandlungen. Geben Sie weitere 30 ml Basisöl zu und Sie erhalten ein herrliches Körperöl.

*Zauberpuder für fitte Füße*
*5 EL weißer fein gepulverter Lehm – 3 Tropfen Pfefferminzöl*
Alles gut mischen. Das Puder in die Schuhe streuen, bevor Sie eine lange Wanderung oder einen ausgedehnten Einkaufsbummel machen. Dieses Pulver hilft auch gut gegen Schweißfüße.

*Fußverwöhner*
*1 Tasse frischen Salbei – 6 EL Olivenöl – 1 EL Bienenwachs*
*Ätherische Öle: 1 Tropfen Sandelholz – 1 Tropfen Lemongras – 1 Tropfen Palmarosa – 1 Tropfen Zeder*
Das Öl auf kleiner Flamme langsam aufwärmen und den Salbei einrühren, bis dieser das ganze Öl aufgenommen hat. Vom Feuer nehmen und zugedeckt einige Tage ziehen lassen. Jeden Tag leicht schütteln. Dann abseihen und dabei den Salbei gut ausdrücken. Bienenwachs im Wasserbad schmelzen und das Salbeiöl in das geschmolzene Wachs rühren. Abkühlen lassen bis es fast erstarrt ist und dann die ätherischen Öle zugeben. Die Salbe in ein dunkles Schraubglas füllen. Haltbar mindestens ein Jahr.

## Lehmkuren für zu Hause

Es ist nicht nötig, für eine ausgedehnte Entspannungskur extra in einen Kurort zu reisen. Heilerdebäder und Lehmpackungen können Sie auch gut zu Hause genießen. Die Pulver sind vielfältig zu verwenden. Feiner weißer Lehm ist gut für gereizte Babyhaut oder als Basis für eine Ge-

***Es gibt verschiedene Sorten von Lehm (Heilerde):***

*Grüner Lehm* (Ton), von grob bis fein – Der mineralreichste und wirkungsvollste Lehm. Feines Pulver eignet sich für innerliche Anwendungen, gröberes Material eignet sich für Masken oder Packungen.
*Weißer Lehm* – Mineralarm und für innerliche Anwendungen etwa bei Verdauungsproblemen und äußerlich als Puder geeignet.
*Gelber Lehm*, sehr fein – Schwefelhaltig. Innerlich zur Verbesserung der Verdauung, äußerlich bei Hautproblemen.
*Rote Lehm*, superfein – Stark eisenhaltig. Innerlich bei Lustlosigkeit und Eisenmangel.

sichtsmaske, ein Peeling, ein Bad oder als Bestandteil einer Creme. Als trockener Puder wirkt Lehm besonders bei gereizter Haut, bei nässenden Ekzemen und bei Schweißfüßen heilsam. Mit stillem Mineralwasser angerührt kann er als Zahnpasta oder bei Pickeln, Insektenstichen, Hautentzündungen, Prellungen, Verstauchungen und Schürfwunden verwendet werden.

Lehm bzw. Heilerde ist auch innerlich anwendbar. Bei einer Schwangerschaft hilft er, mit Wasser gemischt getrunken, gegen Übelkeit. Ebenso wenn Sie zuviel gegessen oder getrunken haben. Unterstützend wirkt Lehm bei Entschlackungskuren.
Ausgedehntere Lehmanwendungen sollten Sie erst nach Rücksprache mit Ihrem Arzt oder Heilpraktiker unternehmen, um mögliche Nebenwirkungen im Zusammenhang mit anderen Medikamenten, die Sie vielleicht nehmen müssen, auszuschließen. In direkter Umgebung von Piercings u.ä. sollten Sie keine Heilerde verwenden.

*Reinigendes Schlammbad*
200 g groben grünen Lehm
Geben Sie den Lehm in ein Geschirrtuch und verknoten Sie dieses fest. Den Lehmbeutel nun ins Badewasser hängen und so das Wasser mineralisieren. Den Lehm nach Gebrauch nicht ins Wasser kippen, da sonst möglicherweise der Abfluß verstopfen kann.
Für eine besonders reinigende Wirkung geben Sie zunächst die unten folgenden Zutaten ins Wasser und hängen dann erst den Lehmbeutel hinein.
2 EL Himalayasalz
ätherische Öle:
3 Tropfen Zitrone
2 Tropfen Kiefer
1 Tropfen Wacholderbeere

*Gesichtsmaske*
Den Lehm mit stillem Mineralwasser zu einer kräftigen Paste anrühren. Geben Sie dann je nach Haupttyp 1-4 Tropfen ätherische Öle hinzu.

Vor dem Auftragen der Maske reinigen Sie die Haut gründlich mit einem Peeling aus weißem Lehm. Dazu mischen Sie den Lehm mit stillem Mineralwasser und reiben mit sanft kreisenden Bewegungen über die Gesichtshaut.
Bei Akne geben Sie der Lehmpaste 1 ml Jojobaöl als Basis und 4 Tropfen Kanukaöl zu. Bei trockener Haut mischen Sie den Lehm mit 1 ml Aprikosenkernöl und 4 Tropfen Sandelholz. Probieren Sie selbst aus, welche ätherischen Öle am besten zu Ihrem Hauttyp passen.
Die Lehmmaske dann so dick wie möglich auftragen und so lange wie möglich einwirken lassen, zumindest, bis der Lehm zu trocknen beginnt. Der trockene Lehm bröselt in größeren Stücken leicht von der Haut, den Rest waschen Sie mit lauwarmem Wasser ab. Die trockenen Lehmbrösel nicht ins Ausgußwasser geben, sondern getrennt entsorgen (Kompost). Runden Sie die Behandlung mit einem Pflegeöl ab, welches aus dem gleichen Basisöl und den gleichen ätherischen Ölen wie bei der Maske besteht. Auf 10 ml Basisöl kommen dabei maximal 1 Tropfen ätherisches Öl.
Tip: Eine Fußpackung aus Lehm ist eine wahre Wohltat. Geben Sie der angerührten Lehmpaste 5 ml Weizenkeimöl und 3 Tropfen Palmarosa zu. Wieder so dick wie möglich auftragen und nach dem Trocknen entfernen bzw. die Reste abwaschen.

## Zaubertränke und Wundertees

*Zaubertee zum Abnehmen*
20 g Holunderblüten
20 g Lindenblüten
20 g Majoranblüten
20 g Kamilleblüten

Alles gut miteinander vermischen. 2 EL Blütenmischung auf 1 Glas kaltes Wasser geben und 24 Stunden ziehen lassen. Abseihen und dann die Blüten nochmals, diesmal aber mit heißem Wasser aufgießen und 10 Minuten ziehen lassen. Beide Auszüge mischen und jeweils 2 Tassen pro Tag erwärmen und trinken.

*Balance-Tee*
4 g frischer oder getrockneten Basilikum
1 Tasse heißes Wasser
Honig

Das Basilikum mit heißem Wasser übergießen und 10 Minuten ziehen lassen. Absieben und mit etwas Honig süßen. So heiß wie möglich trinken.

*Gartentee für Rituale*
frische Pfefferminze (Blätter, Stengel, Blüten)
kochendes Wasser
Honig
schwarzen Tee (falls gewünscht)

Die Minze unter fließendem Wasser gut abspülen und trocknen lassen. In eine Teekanne füllen und ggf. auch den schwarzen Tee zugeben. Mit kochendem Wasser aufgießen und 10 Minuten ziehen lassen. Beim Einschenken abseihen und in schönen Teetassen servieren. Nach Geschmack mit Honig süßen.

*Zauberaufguß gegen kalte Hände und Füße (nicht zum Trinken)*
100 g Eichenrinde
1/4 Liter kochendes Wasser

Rinde mit dem kochenden Wasser übergießen und eine 1/2 Stunde ziehen lassen. Abseihen und dann als Hand- bzw. Fußbad bei Körpertemperatur verwenden.

# WAS KÖNNEN WIR FÜR MUTTER ERDE TUN?

Dieses Buch ist für mich nicht komplett, wenn ich nicht meine Sorge um den Planeten Erde zum Ausdruck bringe. Im Allgemeinen nehmen wir alles, was wir von Mutter Erde bekommen mit größter Selbstverständlichkeit in Empfang. Aber sind diese Gaben wirklich so gewöhnlich? Ich glaube nicht. Mutter Erde ist todkrank. Und dennoch gibt sie uns, was sie kann. Was wir da feststellen, ist keine Kleinigkeit, denn das, was wir unserem Planeten antun, tun wir indirekt uns selbst an. Wie lange noch verleugnen wir unsere Verantwortlichkeit und was können wir tun, um zu retten, was zu retten ist?

## Die Lungen der Erde

Der Mensch hat inzwischen mehr als 30% der Natur auf Erden verwüstet. Jahr für Jahr sterben rund 20 Tier- und Pflanzenarten aus; ein nicht umkehrbarer Prozeß, denn diese Arten kehren nie wieder zurück...

Die tropischen Regenwälder produzieren den größten Teil des Sauerstoffs in der Erdatmosphäre. Seit 1950 werden tropische Edelhölzer in großem Stil exportiert und auf diese Weise verschwinden jährlich rund 170.000 qkm tropischen Regenwalds. Mit anderen Worten, es verschwindet pro Jahr eine Waldfläche von der vierfachen Größe der Niederlande!

Momentan sind noch etwa 7% der ursprünglichen Wälder übrig. Diese liefern 25% des gesamten Sauerstoffs. Noch vierzig Jahre weiter und es wird es keinen Regenwald mehr geben.

Der Ausstoß giftiger Abgase ist eine Bedrohung für unsere Umwelt, doch wir machen fröhlich weiter wie gehabt. Unseren Abfall schmeißen wir einfach, wohin wir wollen. Die Ozeane werden mit durchschnittlich 8 Millionen Tonnen Müll zugekippt. Und die Weltbevölkerung wächst enorm.

Das eigentliche Problem besteht im Erkennen unserer eigenen Verantwortlichkeit für diese Verschmutzung. Wir nehmen ganz selbstver-

ständlich hin, daß die Erde da ist und wir sie nach Gutdünken benutzen dürfen, anstatt daß wir die Erde als unsere Gastgeberin betrachten, bei der wir für eine bestimmte Zeit logieren dürfen.
Doch wir können selbst eine Menge tun, um die Erde – und damit uns selbst – viel Elend zu ersparen. Ich habe einige Punkte als Denkanstoß für Sie zusammengestellt:

- Entscheiden Sie sich für ökologisch produzierten Strom.
- Wenn Sie ein neues Haushaltsgerät brauchen, nehmen Sie eines, das weniger Energie verbraucht, auch wenn es teurer ist.
- Gehen Sie mit jeglicher Energie sparsam um und verbrauchen Sie nur soviel, wie nötig ist.
- Entscheiden Sie sich generell für ökologisch hergestellte und/oder für Recycling-Produkte.
- Achten Sie auf Mülltrennung. Sortieren Sie Papier, Glas, Blech und Kunststoffe aus uns geben Sie diese Stoffe in den Recycling-Kreislauf zurück. Machen Sie einen Sport daraus, so wenig Abfall wie nur irgend möglich zu produzieren.
- Sparen Sie Energie und Wasser, indem Sie in der Familie den bewußten Umgang damit trainieren (Gardinen zu, nicht überall das Licht brennen lassen, Spartasten im WC benutzen etc.).
- Werden Sie Mitglied in einer Umweltorganisation wie Greenpeace oder WWF.
- Kaufen Sie keine geschützten bzw. verbotenen Produkte wie seltene Muscheln, Korallen, Steine, Elfenbein, Schlangenleder, ausgestopfte Tiere, Produkte aus Schildkröten, Affen, Krokodilen, Pelzen etc.
- Entscheiden Sie sich für ökologisch produzierte Lebensmittel, auch wenn diese teurer sind.
- Kaufen Sie selbst häufiger Secondhand-Artikel und geben Sie eigene Kleidung oder Spielzeug, das Sie nicht mehr benutzen möchten, an eine karitative Einrichtung weiter.
- Lassen Sie Geräte und Sachen, die kaputt gehen, lieber reparieren, als gleich das Ganze neu zu kaufen.
- Feiern Sie am 22. April auch den Monat und Tag der Erde.
- Organisieren Sie mit Freunden regelmäßig Umweltputztage. Gehen Sie gemeinsam hinaus in die Natur und sammeln dort den ganzen Müll ein.

– Lassen Sie öfter das Auto stehen und gehen Sie lieber zu Fuß oder benutzen Sie das Fahrrad. Wenn möglich, beteiligen Sie sich an Car-Sharing-Ringen und benutzen Sie öffentliche Verkehrsmittel. Teilen Sie das eigene Auto mit einer anderen Familie oder Person.
– Entzünden Sie lieber eine Kerze, als immer elektrisches Licht anzuknipsen. Das ist auch viel gemütlicher.
– Drehen Sie die Heizung herunter und tragen Sie an kalten Tagen lieber einen dickeren Pullover.
– Gießen Sie die Pflanzen in Haus und Garten nur mit aufgefangenem Regenwasser.
– Verwenden Sie keine Unkrautvernichtungsmittel und andere Chemikalien im Garten.
– Verwenden Sie keine Plastiktüten. Kaufen Sie sich lieber eine stabile Einkaufstasche, die Sie immer wieder benutzen.
– Kaufen Sie nicht Mengen von in Folie oder Papier abgepackte Nahrungsmittel. Lehnen Sie es an der Käse- oder Wursttheke ab, daß die Verkäuferin Folie oder Papier zwischen die einzelnen Scheiben legt. Kaufen Sie Käse und Wurst lieber am Stück, vorzugsweise direkt beim Erzeuger.
– Essen Sie weniger Fleisch und Wurst.
– Lassen Sie an manchen Tagen den Fernseher aus und erzählen Sie sich lieber Märchen oder Geschichten, vielleicht auch Mythen, die sich um die Mutter Erde drehen.
– Nähen Sie Ihre Kleidung selbst und halten Sie ‚Frauenkünste' wie stricken, häkeln, spinnen, weben u.ä. in Ehren.
– Seien Sie sich jederzeit bewußt, was Sie da gerade tun...

**Brauchbare Hilfsmittel**

Umweltfreundlich zu reinigen ist kein Problem, es gibt genug Methoden, die schon unseren Großmüttern bekannt waren und die wir auch selbst wieder entdecken sollten.

– Eine Sprühflasche für Pflanzen eignet sich hervorragend für die Reinigung eines Kronleuchters, sofern Sie einen haben. Decken Sie den Fußboden unter dem Leuchter mit alten Zeitungen ab und wickeln Sie Plastiktütchen um die Glühbirnen und Fassungen, damit kein

Wasser hinein laufen kann. Besprühen Sie nun den Kronleuchter ordentlich mit Sodawasser. Dann lassen Sie ihn an der Luft trocknen und polieren anschließend mit einem weichen Tuch nach.

- Zeitungen eignen sich sehr gut zum Putzen der Fenster. Putzen Sie die Fenster normal mit Spirituswasser und einem Lappen und reiben Sie dann mit zusammen geknüllter Zeitung nach. Sie werden keine Putzstreifen mehr sehen!
- Kochwasser von Kartoffeln hilft gegen Algenbeläge auf der Außentreppe. Schnittblumen halten länger, wenn Sie sie in eine Vase mit abgekühltem Kartoffelkochwasser stellen.
- Alte Strumpfhosen sollten Sie nicht wegwerfen. Wickeln Sie sie um einen Schrubber und fegen Sie damit das Parkett. Die Strumpfhose nimmt ganz leicht den Staub auf. Auch den Staub vom Bildschirm des Fernsehers oder Computermonitors bekommen Sie mit einer alten Strumpfhose schnell weg.
- Knoblauch vertreibt Läuse. Stecken Sie ein paar Zehen in die Blumentöpfe und Sie haben keine Last mehr mit Schildlaus und Co.
- Klebriges Weißbrot ist sehr nützlich, wenn Sie Glasscherben beseitigen müssen, aber keinen Staubsauger zur Verfügung haben.
- Nervende Insekten? Warmer Essig vertreibt Spinnen und Fliegen.
- Ameisen können Sie vortrefflich und dabei umweltfreundlich mit feingemahlenem Lavendel, Majoran und Thymian vertreiben. Auch Kaffeesatz, Nelkenpulver, Knoblauch und roter Pfeffer helfen.
  Stechfliegen und Mücken verlassen Hals über Kopf das Zimmer, wenn Sie eine Duftlampe entzünden und einige Tropfen Zitronen- und Eukalyptusöl darin verdunsten. Eine Pflanze wie Zitronenmelisse o.ä. im Raum hilft auch. Oder mischen Sie einige Tropfen Zitronenmelisse oder Eukalyptusöl mit etwas Basisöl (z.B. Olivenöl oder Jojobaöl) und reiben Sie sich damit vor dem Schlafengehen ein. Ein Moskitonetz überm Bett ist nicht nur romantisch, sondern auch effektiv!
- Putzen Sie die Toilette mit Essigreiniger; der eignet sich auch für die Kacheln.
- Ein angebrannte Pfanne bekommen Sie mit Wasser und Soda wieder sauber. Kurz aufkochen lassen, dann einweichen und anschließend ganz normal abspülen.

- Es gibt eine Reihe von umweltfreundlichen Reinigungmitteln im Handel, wie etwa *Quick 'n' Brite*, das biologisch abbaubar ist und keine Phosphate enthält. Zwar ist dieses Mittel relativ teuer, Sie können es aber auf vielfältigste Weise einsetzen: im Bad, in der Küche, für Stoffbezüge im Auto, zur Reinigung des Backofen und so weiter.
- Spiegel und Fensterglas freuen sich über eine halbierte Zitrone. Erst mit der Zitrone abreiben, anschließend mit Wasser nachwischen und trocken reiben. Eventuelle Reststreifen entfernen Sie mit Zeitungspapier.
- Schnee eignet sich hervorragend, um Teppiche aufzufrischen. Legen Sie den Teppich mit dem Gesicht auf den frisch gefallenen Schnee und lassen Sie ihn einige Stunden oder über Nacht so liegen. Der Schmutz rieselt so einfach heraus.
- Übergardinen werden wieder frisch, wenn Sie sie eine Weile bei Nebel nach draußen hängen.
- Glänzende Kacheln erhalten Sie, wenn Sie auf 1 Liter Wischwasser 1 1/2 Tassen Soda und eine 1/2 Tasse grüne Seife zugeben.
- Bei Rotweinflecken ist Weißwein die beste Hilfe. Einfach auf den Rotweinfleck gießen und er ist verschwunden wie von Zauberhand.
- Fettflecken werden zunächst mit Salz bestreut und dann mit Alkohol weggewischt.
- Lippenstiftflecken bekommen Sie mit Alkohol weg. Nicht reiben, nur tupfen.
- Schokoladeflecken beseitigen Sie mit einer Mischung aus Alkohol und grüner Seife.
- Kaugummiflecken können einen wahnsinnig machen. Aber nicht verzagen. Ein Kleidungsstück mit einem Kaugummifleck legen Sie eine Weile in den Tiefkühlschrank, Dann können Sie das Kaugummi einfach abbröseln und abbürsten. Klebt Kaugummi auf dem Boden, dann legen Sie eine Plastiktüte mit Eiswürfeln darauf. Wenn das Kaugummi eiskalt geworden ist, können Sie es einfach mit einem Spachtel entfernen.
- Verwenden Sie beim Putzen ein Mikrofasertuch, dann brauchen Sie fast keine Reinigungsmittel.

# ERDGÖTTINNEN UND ERDGÖTTER

(B) - Babylonisch / Sumerisch / (C) - Chinesisch / (Ä) - Ägyptisch
(G) - Germanisch / (GR) - Griechisch / (I) - Inka
(K) - Keltisch / (R) - Römisch

## Erdgöttinnen

**Abundantia** (R) - Göttin des Überflußes, des Reichtums, Erfolgs und der Schönheit.
**Aine** (K) - Irische Göttin der Liebe und Fruchtbarkeit. Sie besaß Macht über Pflanzen und Tiere.
**Althaia** (R) - Geburtsgöttin
**Amaltheia** (GR) - Ziegengöttin, die den neugeborenen Zeus mit ihrer Milch aufzog
**Antheia** (GR) - Göttin der Gärten, Blumen und der sich entfaltenden Erde und Liebe.
**Anu/Danu/Dana** (K) - Irische Erd- und Muttergöttin.
**Arachne** (GR) - Spinnengöttin. Weberin von Schicksal und Verhängnis.
**Ariadne** (GR / Libera R) - Göttin der Fruchtbarkeit. Rein, keusch und zufrieden.
**Arianrhod** (K) - Mond- Muttergöttin aus Wales, Göttin der Fruchtbarkeit. Sie wird auch die Reinkarnationsgöttin genannt. Arianrhod wird vornehmlich bei Vollmond-Ritualen angerufen.
**Artemis** (GR / Diana R) - Göttin der Jagd, der Geburt und des Mondes.
**Atalante** (GR) - Eine Natur- und Jagdgöttin.
**Bona Dea/Terra** (R) - Göttin der Fruchtbarkeit.
**Brimo** (GR) - Fruchtbarkeitsgöttin.
**Carmenta** (R) - Göttin der Geburt und der Voraussagen.
**Cerridwen** (K) - Mondgöttin und Göttin der Transformation und Weisheit.
**Ceres** (R / Demeter GR) - Göttin des Ackerbaus, der Liebe und Mutterliebe. Festtag am 19. April.
**Chloris** (GR / Flora R) - Göttin der Blumen, Blüten und blühenden Pflanzen.
**Copia** ( R) - Göttin des Wohlstands und des Überflusses.

**Demeter** (GR / Ceres R) - Göttin der Erde und der Fruchtbarkeit, des Getreides und der Ernte. Wird auch mit dem Totenkult in Verbindung gebracht und ist als Göttin von Regelmaß und Ordnung bekannt.
**Diana** (R / Artemis G) - Göttin der Natur, Fruchtbarkeit und Geburt. Diana ist die Mutter der wilden Tiere und eine Mondgöttin.
**Dione** (GR) - Göttin der Erde und der Natur. Wird mit der Wahrsagerei, der Zukunftsvoraussage, mit Prophetie und Liebe assoziiert.
**Epona** (GR) - Pferde- und Fruchtbarkeitsgöttin.
**Eir** (G) - Göttin der Heilung und Genesung. Sie kennt die Geheimnisse der Kräuter.
**Emutet** (Ä) - Göttin der Ernte und des Ackerbaus; dargestellt mit dem Kopf einer Kobra
**Fauna** (R) - Erdmutter und Fruchtbarkeitsgöttin.
**Fornax** (R) - Göttin des Brotbackens.
**Fortuna** (R / Tyche GR) - Göttin des Glücks, ursprünglich Göttin des Segens und der Fruchtbarkeit. Wird in dieser Eigenschaft hauptsächlich von Mütter angerufen.
**Frigga** (G) - Fruchtbarkeitsgöttin.
**Gaia** (GR / Tellus R) - Göttin der Erde.
**Hathor** (Ä) - Göttin der Freude, Schönheit und Liebe.
**Hel** (G) - Göttin des Todes.
**Helena** (GR) - Mondgöttin der Fruchtbarkeit, der Pflanzen und Bäume.
**Hera** (GR / Juno R) - Göttin der Ehe und Geburt. Behüterin der Ehe und speziell der treuen Ehefrauen. Gattin des Zeus.
**Hestia** (GR / Vesta R) - Göttin des häuslichen Lebens, symbolisiert durch das Herdfeuer.
**Inanna** (B) - Auch bekannt unter dem Namen Ishtar, Astarte oder Ashara. Sie war die Göttin der Liebe und Fruchtbarkeit, des Morgen- und Abendsterns sowie des Himmels und der Erde. Sie war die erste Tochter des Mondes.
**Isis** (Ä) - Muttergöttin des Tages und der Feuchtigkeit.
**Juno** (R / Hera GR) - Göttin des Heims und der Mutterschaft. Schutzgöttin aller Frauen. Festtag 1. März.
**Karya/Karyatis** (GR) Göttin des Walnußbaum. Symbolisiert die Kräfte der Natur.
**Kuan Yin** (C) - Erdgöttin

**Larenta** (R) - Erdgöttin. Festtag 23 Dezember.
**Mama Quilla** (I) - Göttin des Mondes und der Sexualität, die hauptsächlich deshalb verehrt wurde, weil sie über die Menstruation und den Ovulationszyklus wachte.
**Meditrina** (R) - Göttin des Weins und der Gesundheit. Ihr Name bedeutet: *die Heilerin.* Festtag 1 Oktober.
**Neit** (Ä) - Muttergöttin des Krieges und der Weberei. Sie symbolisiert Kraft, Liebe, Mut und den Mond.
**Nekhbet** (Ä) - Göttin der Geburt.
**Nephthys** (Ä) - Göttin des Todes und der Mysterien. Symbolisiert das Element Erde.
**Ops/Opis** (R) - Göttin der Erde als Quelle von Fruchtbarkeit, Reichtum und Wohlstand im Allgemeinen. Göttin von Ackerbau, Ernte, Fruchtbarkeit, Geburt und Erfolg.
**Potnia** (GR) - Schutzgöttin von Natur, Pflanzenwelt und Fruchtbarkeit.
**Rhiannon** (K) - Fruchtbarkeitsgöttin und Göttin der Unterwelt.
**Robigo** ( R) - Göttin des Getreides. Ihr Name bedeutet *Mehltau.*
**Sheela-na-Gig** (K) - Göttin,die sowohl die Mutter als auch die alte, weise Frau symbolisiert. Sie wird mit Schutz, Tod, Geburt, Leiden, Fruchtbarkeit, Lebensfreude und weiblicher Kraft in Verbindung gebracht.
**Tellus** (R / Gaia GR) - Göttin der Welt, Behüterin des Saatgut und des Wachstums. Göttin der Erde.
**Vacuna** (R) - Göttin des Ackerbaus.

## Erdgötter

**Ab** (Ä) - Gott des Getreides.
**Ake** (Ä) - Gott des Todes und Personifikation der Erde.
**Alpheios** (GR) - Flußgottheit. Sohn des Okeanos und der Tethys.
**Attis** (GR) - Gott der Pflanzenwelt.
**Bes** (Ä) - Gott in Zwergengestalt mit großem Phallus. Schützt die Menschen, vor allem die Kinder, vor bösen Geistern, tötet Schlangen und wehrt Unglück ab. Er wird auch als Gott der Fruchtbarkeit und Freude gesehen.
**Cernunnos** (K) - Gehörnter Gott der Fruchtbarkeit. Wird häufig von Wiccas verehrt.

**Chnum** (Ä) - Einer der vier ägyptischen Schöpfergötter. Die anderen sind Amonra, Atum (Ra) und Ptah. Wird als Mensch mit Widderkopf abgebildet.
**Consus** (R) - Schutzgott des Getreides.
**Convector** (R) - Gott der Ernte
**Dionysos** (GR / Bacchus R) - Gott des Weins, der Ackerbaus, der Fruchtbarkeit und der Natur.
**Eventus Bonus** (R) - Gott des Geschäftserfolges. Angerufen für eine gute Ernte.
**Freyr** (G) - Gott der Fruchtbarkeit, des Sonnenlichtes, Regens, Friedens, der Freude und Zufriedenheit.
**Geb** (Ä) - Gott der Erde, symbolisiert auch das Element Feuer. Er hält die Seelen gefangen, die es nicht verdient haben, ins Jenseits zu gelangen.
**Lupercus** (R) - Gott der Ackerbauern und Schafhirten.
**Messor** (R) - Gott des Landbaus, speziell des Mähens.
**Min** (Ä) - Gott der Fruchtbarkeit, des Regens, des Ackerbaus und Schutzgott der Wege und Reisenden.
**Mutinus / Mutunus** (R / Priapus GR) - Fruchtbarkeitsgott, der von Frauen angerufen wurde, die ein Kind gebären wollten.
**Obarator** (R) - Gott des Pflügens.
**Occator** (R) - Gott des Eggens.
**Pan** (GR) - Waldgott.
**Porus** (R) - Gott des Überflusses.
**Priapus** (GR / Mutinus R) - Gott der Gärten, des Weinbaus, der Seeleute und der Fischer.
**Promitor** ( R ) - Gott, der das geerntete Getreide auf dem Weg in die Scheunen schützt.
**Robigos** (R) - Schützt das Getreide gegen Krankheiten. Festtag 25. April.
**Saritor** (R ) - Gott des Unkrautjätens und Hackens.
**Saturn** (R / Kronos GR) - Gott der Landwirtschaft und Hüter des Saatgutes. Festtag 17 Dezember.
**Silvanus** (R) - Gott der Wälder und Weiden. Bewacher der Landesgrenzen. Als Fruchtbarkeitsgott ist er Schutzgott des Viehs und der Herden.
**Subruncinator** (R) - Gott des Unkrautjätens.
Vertumnus (R) - Gott der Früchte.
**Tammuz / Dumuzi** (B) - Gott der Ernte, der Gott, der stirbt und wieder aufersteht.

## ALLGEMEINE KORRESPONDENZEN

| | |
|---|---|
| Element | Erde |
| Geschlecht | weiblich |
| Tierkreiszeichen | Steinbock, Stier, Jungfrau |
| Planeten | Venus, Saturn, Merkur |
| Temperament | sanguinisch |
| Psychisch | schizoid |
| Typ | wahrnehmen |
| Jungianisch | ruhig und festhaltend |
| Sinn | Geruch |
| Geschmack | süß |
| Stoff | Materie |
| Synonym | körperlich |
| Körperteile | Nieren, Blase, Nebennieren, Knochen |
| Alchemie (*tria-prima*) | Salz |
| Magische Gegenstände | Pentakel, Kordeln, Trommel |
| Magieform | Steine, Salz, Bäume und Pflanzen, Knoten, Brot, Bilder, Musik |
| Steine | Achat, Aventurin, Rosenquarz, Karneol, Bernstein, Lapislazuli, Obsidian, Bergkristall, Diamant |
| Bäume | Buche, Stiel-Eiche, Kiefer, Holunder, Pappel, Trauerweide |
| Naturwesen | Gnome |
| Musikinstrumente | Trommeln, Rasseln, Xylophon |
| Tarot | Münzen |
| Jahreszeit | Winter |
| Feste | Samhain und Jul |
| Konstitution | Trockenheit |
| Evolution | kriechen |
| Metalle | Eisen |
| Tageszeit | Mitternacht |
| Lebensabschnitt | ab 60 Jahren |
| Qualitäten | solide, vertrauenswürdig, praktisch, zielgerichtet, Durchsetzungsvermögen, verantwortungsbewußt, strukturiert |
| Fehler | materialistisch, starr, dickköpfig, unnachgiebig, konservativ, phantasielos, pessimistisch |

# ÄTHERISCHE ÖLE

Ätherische Öle mit starkem Erde-Charakter sind in der Regel Öle auf Basis von Holz oder Rinde verschiedener Bäume. In diese Gruppe gehören auch Öle aus Gräsern und Wurzeln.

| | |
|---|---|
| Baldrian | Veleriana officinalis |
| Benzoe | Styrax tonkinense |
| Elemi | Canarium luzonicum |
| Engelwurz | Angelica archangelica |
| Galbanum | Ferula gummosa |
| Himalayazeder | Cedrus odorata G. Dan |
| Ingwer | Zingiber officinalis |
| Iris | Iris germanica var. florentina |
| Jatamansi | Nardostachys jatamansi |
| Kiefer | Pinus cembra |
| Mastix | Pistacia lentisus |
| Muskatnuß | Myristica fragrans |
| Palmarosa | Cymbopogon martini Watson |
| Patchouli | Pogostemon cablin |
| Rosenholz | Aniba roseaedora |
| Sandelholz | Santalum album |
| Tolu-Balsam | Myroxylon balsamum |
| Vetiver | Vetiveria zizanoides (das einzige ätherische Öl, das tatsächlich nach Erde riecht) |
| Weihrauch | Boswellia carteri |
| Zeder | Cedrus atlantica |
| Zimt | Cinnamomum verum (Rinde) |
| Zypresse | Cupressus sempervirens |

Die Wirkungen der genannten Öle sind derart vielfältig, daß eine detaillierte Nennung hier nicht möglich ist. Schlagen Sie dazu in der einschlägigen Literatur nach.

# KRÄUTERANWENDUNGEN

*Basilikum – Ocimum Basilikum*
Küche: Italienisch; Suppen, Saucen und Salate; nicht kochen, ganz zuletzt zugeben
Magische Eigenschaften: Liebe, Friede, Glück, Geld, Reinigung, Schutz, Gleichgewicht
Magische Nutzung: In Weihrauch, Amuletten oder Badesalz
Heilanwendungen: Beim Stillen, Husten, Magen, Haarprobleme, Kopfschmerzen, Schlaf, Krämpfe, Rheuma, Nervosität

*Dill – Anethum graveolens*
Küche: in Fischgerichten, in Saucen, Dressings und Marinaden
Magische Eigenschaften: Reinigung, Bewußtsein, Geld, Glück, Schutz, Liebe
Magische Nutzung: Tragen Sie Dill in einem Kräutersäckchen bei sich, um Glück anzuziehen
Heilanwendungen: Beim Stillen, gegen Schluckauf, Verdauungsprobleme

*Estragon – Artemisia dracunculus*
Küche: Französisch; Suppen, Saucen, Salate, Fisch
Magische Bedeutung: Astrale Projektion, Visualisierung, Träume und Bewußtwerdung
Magische Nutzung: Die gerebbelten Blätter in Weihrauch und Traumkissen verwenden
Heilanwendungen: Krampflösend, anregend, gegen Menstruationsschmerzen, appetitanregend

*Kerbel – Anthriscus cerefolium*
Küche: Suppen, Saucen, Salate, Fisch
Magische Bedeutung: Unsterblichkeit, mit der astralen Welt in Kontakt treten
Magische Nutzung: In Tränken, Weihrauch und Traumkissen
Heilanwendungen: Blutreinigend, abschwellend, harntreibend, anregend

*Koriander – Coriandrum sativum*
Küche: In Eintöpfen, Curry's, Marinaden
Magische Bedeutung: Liebe, Heilung, Erinnerung, Gesundheit
Magische Nutzung: Schutz der Haushaltung; in einem Hexenhochzeitskuchen
Heilanwendungen: Schwindel, Grippe, Schmerzen, Verdauung, Abgespanntheit

*Lavendel – Lavendula officinalis*
Küche: Vor allem in Kräutermischungen für Potpourris und Traumkissen
Magische Bedeutung: Gesundheit, Liebe, Friede, Bewußtsein, Reinigung, Schlaf, Friede
Magische Nutzung: Weihrauch kurz vor dem Schlafengehen abgebrannt; in Traumkissen, um schön zu träumen, im Bad zur Reinigung
Heilanwendungen: Gegen Bronchitis, Husten, Kopfschmerzen, Nervosität, Rheuma

*Majoran – Origanum majorana*
Küche: Französische und italienische Gerichte, Fisch, Geflügel, Fleisch
Magische Bedeutung: Friede, Schlaf, Liebe, Schutz, Geld, Gesundheit
Magische Nutzung: Unter das Kopfkissen legen, um enthüllende Träume zu haben
Heilanwendungen: Appetit, Gebiß, Haar, Husten, Magen, Menstruation, steifer Nacken, Gewebeentzündungen

*Petersilie – Petroselinum sativum*
Küche: Unterschiedlichste Verwendungen; Suppen, Saucen, Marinaden, Salate, Fisch, Geflügel, Fleisch
Magische Bedeutung: Passion, Schutz, Reinigung
Magische Nutzung: Schützend, hilft gegen Unglück
Heilanwendungen: Akne, Alkoholsucht, Augenentzündung, entwässernd, bei Rheuma, gut für die Verdauung, appetitanregend
Warnung: In der Schwangerschaft nur in geringen Mengen verwenden

*Pfefferminze – Mentha piperita*
Küche: Englisch und französisch; Tee, Eisdesserts, Saucen, bei Fleisch
Magische Bedeutung: Selbstbewußtsein, Reinigung, Schlaf, heilend, Liebe

Magische Nutzung: In Amuletten und Zaubern
Heilanwendungen: Anregend, beruhigend, krampflösend, bei Halsschmerzen, Fußproblemen, Nikotinsucht

*Rosmarin – Rosmarinus officinalis*
Küche: Italienisch, Suppen, Saucen, Fisch, Geflügel, Fleisch
Magische Bedeutung: Gedächtnis, Liebe, Selbstbewußtsein
Magische Nutzung: In Amuletten oder Talismanen gegen negative Energie; bei Reinigungsritualen
Heilanwendungen: In Bädern, für die Haare, bei Asthma, Überspanntheit, Wassersucht, Migräne

*Salbei – Salvia officinalis*
Küche: Italienisch; Saucen, Fisch und Fleisch
Magische Bedeutung: Gedächtnis, Bewußtsein, Weisheit, Geld, heilend, reinigend
Magische Nutzung: Beim Meditieren; sehr gut beim Beziehen einer neuen Wohnung
Heilanwendungen: Asthma, Niederkunft, beim Stillen, Haare, Menstruation, Zahnfleisch, Transpiration, Verstauchungen, Fußprobleme

*Sellerie – Apium graveolens*
Küche: Suppen, Saucen, Salate, surinamische und französische Küche
Magische Bedeutung: Passion, geistiges Vermögen, Konzentrationsvermögen
Magische Nutzung: Samen oder Öl in einem Traumkissen
Heilanwendungen: Beim Stillen, Gesichtsfarbe, Gelenkentzündungen, Husten, Prellungen, Nieren-, Blasen- und Gallensteine

*Schnittlauch – Allium schoenoprasum*
Küche: verschiedenste Verwendungen, Saucen, Suppen, Salate
Magische Bedeutung: Schutz, persönliche Probleme
Magische Nutzung: Bei Knotenmagie als Schutz
Heilanwendungen: Reinigend, wundheilend, abführend, bei Eßstörungen

*Thymian – Thymus vulgaris / serpyllum*
Küche: Französisch, italienisch, holländisch; Suppen, Saucen, Salate, Marinaden, Fisch, Geflügel, Fleisch

Magische Bedeutung: Mut, Bewußtsein, Gesundheit
Magische Nutzung: Rituelle Bäder und in einem salbenden Öl für Kerzenmagie
Heilanwendungen: Husten, Appetit, Grippe, Haar, Insektenstiche, Rheuma

*Waldmeister – Asperula odorata*
Küche: In Getränken und Desserts
Magische Bedeutung: Ein typisches Druidenkraut, welches Schutz und Segen bringt
Magische Nutzung: In magischen Tränken, in einem Amulett
Heilanwendungen: Kräftigend, beruhigend, harntreibend, wundheilend, blutreinigend, gut für die Verdauung

*Zitronenmelisse – Melissa officinalis*
Küche: Saucen, Desserts
Magische Bedeutung: Friede, Geld, Reinigung
Magische Nutzung: Die Blätter werden im Kessel verbrannt, aber auch in Amuletten und Traumkissen verwendet
Heilanwendungen: Vitalität, gegen Mücken im Schlafzimmer

Viele Kräuter eignen sich auch als natürliche Färbemittel für Wolle und Baumwolle. Sie brauchen für das Färben etwa eine Handvoll Kräuter nach Wahl sowie eine Tasse Essig als Beizmittel, Alaun oder etwas Salz, wenngleich letzteres nicht besonders gut wirkt.
Füllen Sie einen alten Topf zu etwa 1/5 mit Wasser. Geben Sie die Kräuter und Beizmittel zu und bringen Sie das Ganze zum Kochen.
Etwa 7 Minuten leise köcheln lassen, dabei ab und zu rühren. Dann vom Feuer nehmen und abkühlen lassen. Nun die Wolle oder Baumwolle in den abgekühlten Sud legen und über Nacht ziehen lassen. Dann herausnehmen und trocknen lassen.

# TABELLE ZUR KERZENMAGIE

*Ziel:* **Astrale Projektion**
*Farbe:* hellblau, silber, lila, hellrosa und zartgelb
*Öl:* Benzoe, Zimt, Jasmin, Sandelholz

*Ziel:* **Austreibung / Beschwörung**
*Farbe:* schwarz
*Öl:* Basilikum, Kiefer, Gewürznelke, Pfefferminze, Wacholderbeere, Myrrhe, Rosmarin, Sandelholz

*Ziel:* **Geld und Erfolg**
*Farbe:* grün, gold, violett
*Öl:* Basilikum, Bergamotte, Kamille, Zimt, Gewürznelke, Ingwer, Jasmin, Orange, Kiefer, Vetiver

*Ziel:* **Glück**
*Farbe:* rosa, grün, orange und gold
*Öl:* Lavendel, Orange, Muskatnuß, Rose, Vetiver

*Ziel:* **Heilung**
*Farbe:* alle Pastelltöne
*Öl:* Lorbeer, Koriander, Zeder, Wacholderbeere, Citronelle, Palmarosa, Rosmarin

*Ziel:* **Liebe**
*Farbe:* rot, rosa und weiß
*Öl:* Neroli, Orange, Basilikum, Zimt, Koriander, Geranium Bourbon, Zitrone, Vetiver, Ylang-Ylang

*Ziel:* **Meditation**
*Farbe:* orange
*Öl:* Jasmin, Myrrhe, Kamille, Sandelholz

*Ziel:* **Mentale Kraft**
*Farbe:* grün und violett
*Öl:* Anis, Lorbeer, Zimt, Muskatnuß, Pfefferminze, Orange

*Ziel:* **Mut**
*Farbe:* rot
*Öl:* schwarzer Pfeffer, Geranium Bourbon, Tonka, Thymian

*Ziel:* **Reinigung**
*Farbe:* violett, silber, weiß
*Öl:* Limone, Pfefferminze, Myrrhe, Kamille, Lavendel, Zeder

*Ziel:* **Sehnsucht**
*Farbe:* rot
*Öl:* Zimt, Gewürznelke, Zitronengras, Rosmarin, Vanille, Ylang-Ylang

*Ziel:* **Schutz**
*Farbe:* blau
*Öl:* Engelwurz (Angelika), Zeder, Zimt, Gewürznelke, Fenchel, Wacholderbeere, Myrrhe, Niaouli, Pfefferminze, Petit Grain

*Ziel:* **Wahrsagen**
*Farbe:* orange, gold, blau
*Öl:* Anis, Orange, Gewürznelke

# SYMBOLIK DER FARBEN

**Farbe**
B) = Bedeutung
M) = Magische Wirkung

**Rot** – B) Lebensfreude, Emotionen, die Farbe der aufgehenden Sonne. Eine dynamische Farbe, die aktiviert und großes Selbstvertrauen gibt. Diese Farbe regt an, macht energisch und ist sehr durchdringend. Hilft bei Blutarmut, Diät und Abgespanntheit. – M) Liebe, Passion, Willenskraft, Tatkraft, Mut, Aggression, stimulierende Farbe.

**Rosa** – B) Die Farbe des Herzens. Symbolisiert Liebe, Zuneigung, Harmonie und Tagträume. Diese Farbe ist buchstäblich süß. – M) Geld und Erfolg, Liebe, Gesundung, Glück, Heilung, astrale Projektion, Ruhe, Freundschaft, Weiblichkeit.

**Orange** – B) Steht für Optimismus und Lebensfreude und gibt Mut, Kraft, Herzlichkeit und Freude. Stimuliert die Selbstbeherrschung. Diese spirituelle Farbe ist gut für das Selbstvertrauen. Orange hilft bei Magersucht, Allergien, Energiemangel, Trübsinnigkeit und Blutarmut. – M) Wahrsagen, Kreativität, Glück, Meditation, Freude.

**Braun** – B) Die Farbe der Erde und damit der Stabilität und Geborgenheit. Braun ist eine Naturfarbe, unauffällig aber unverzichtbar. – M) Austreibung, Leidenschaft, Konzentration, Studium, Auffinden verlorener Gegenstände.

**Gelb** – B) Weisheit, Denkvermögen und Intelligenz. Steht auch für Kreativität, Freude und Aufgewecktheit. Gelb wird mit der Sonne assoziiert. Hilft bei der Harmonisierung des Nervenkostüms, bei Magenproblemen, Verdauung, Stimmungsschwankungen und Lernschwierigkeiten. – M) Kommunikation, Studium, Reisen, astrale Projektion, mentale Kraft, Konzentration, hebt Flüche auf, Vertrauen.

**Grün** – B) Naturfarbe, stabil, frisch und angenehm. Grün beruhigt die Nerven, schärft die Sinne und verleiht Ruhe und Entspannung, sorgt für Gleichgewicht und Harmonie und steht für Friede und Hoffnung. Grün hilft bei Krämpfen, Arthrose, Augenschmerzen, Erkältung und

Grippe, chronischen Entzündungen und Vergiftungen. – M) Geld und Erfolg, Ruhe, Friede, Kunst, Attraktivität, Fruchtbarkeit, Harmonie.

**Türkis** – B) Selbstbewußtsein, Freundschaft und Phantasie. Eine sehr aparte Farbe, die Menschen mit Kontaktschwierigkeiten hilft. – M) Heilung, astrale Projektion, Hellsichtigkeit.

**Blau** – B) Ruhe, Frieden, Entspannung und Harmonie. Bei Blau denken Sie sofort an die Farbe des Himmels. Diese Farbe gibt ein wohltuendes Gefühl von Zufriedenheit und Ruhe. Hilft bei Entzündungen, Zahnschmerzen, Verbrennungen und inneren Blutungen. – M) Schutz, Heilung, Studium, astrale Projektion, Hellsichtigkeit, Weisheit.

**Indigo** – B) Mystische, spirituelle Farbe die mit Ausgewogenheit, Harmonie und Vollständigkeit in Verbindung gebracht wird. Indigo hilft bei Wachstumsstörungen und Krankheiten am Kopf. – M) Mentale Kraft, Ausgeglichenheit, Leidenschaft, Unabhängigkeit, Kommunikation, Meditation.

**Violett** – B) Verwandlung, Spiritualität, Mystik und Magie. Hilft bei Haarausfall, Gürtelrose und Migräne. – M) Astrale Projektion, Unabhängigkeit, Abschied, Hellsichtigkeit, Kraft, Meditation.

**Grau** – B) Vorsicht, Kompromisse, Ruhe und Flexibilität. - M) Eine Farbe, die neutralisiert, Ruhe.

**Schwarz** – B) Depression, Verlust. In den westlichen Ländern die Farbe von Tod und Reue. Schwarz wird mit Aussichtslosigkeit, das schwarze Loch, Elend und Verdruß assoziiert, bedeutet aber auch einen starken Lebenswillen, Stil und Geheimnis. – M) Bannen, Vernichten, Abschied, das Irdische, eine absorbierende Farbe, Kontrolle.

**Weiß** – B) Reinheit, Klarheit und Unschuld; Symbol des Lichts, des Jenseits und der universellen Liebe – M) Mondmagie, Reinigung, neutralisierend, astrale Projektion, Einweihung, Schutz.

**Silber** – B) Wird mit dem Mond und mit Reinheit assoziiert. - M) Mondmagie, astrale Projektion, Friede, Hellsichtigkeit, Stabilität, Ausgeglichenheit, Wahrsagen.

# KORRESPONDENZEN ZUR ASTROLOGIE

| *Element* | *Tierkreiszeichen* | *Planet* | *Haus* |
|---|---|---|---|
| Feuer | Widder | Mars | 1 |
| Erde | Stier | Venus | 2 |
| Luft | Zwillinge | Merkur | 3 |
| Wasser | Krebs | Mond | 4 |
| Feuer | Löwe | Sonne | 5 |
| Erde | Jungfrau | Merkur | 6 |
| Luft | Waage | Venus | 7 |
| Wasser | Skorpion | Pluto | 8 |
| Feuer | Schütze | Jupiter | 9 |
| Erde | Steinbock | Saturn | 10 |
| Luft | Wassermann | Uranus | 11 |
| Wasser | Fische | Neptun | 12 |

# BERECHNUNG DES ASZENDENTEN

| Tierkreiszeichen →<br>geburtszeit ↓ | ♈ | ♉ | ♊ | ♋ | ♌ | ♍ | ♎ | ♏ | ♐ | ♑ | ♒ | ♓ |
|---|---|---|---|---|---|---|---|---|---|---|---|---|
| 04-06 | ♈ | ♉ | ♊ | ♋ | ♌ | ♍ | ♎ | ♏ | ♐ | ♑ | ♒ | ♓ |
| 06-08 | ♉ | ♊ | ♋ | ♌ | ♍ | ♎ | ♏ | ♐ | ♑ | ♒ | ♓ | ♈ |
| 08-10 | ♊ | ♋ | ♌ | ♍ | ♎ | ♏ | ♐ | ♑ | ♒ | ♓ | ♈ | ♉ |
| 10-12 | ♋ | ♌ | ♍ | ♎ | ♏ | ♐ | ♑ | ♒ | ♓ | ♈ | ♉ | ♊ |
| 12-14 | ♌ | ♍ | ♎ | ♏ | ♐ | ♑ | ♒ | ♓ | ♈ | ♉ | ♊ | ♋ |
| 14-16 | ♍ | ♎ | ♏ | ♐ | ♑ | ♒ | ♓ | ♈ | ♉ | ♊ | ♋ | ♌ |
| 16-18 | ♎ | ♏ | ♐ | ♑ | ♒ | ♓ | ♈ | ♉ | ♊ | ♋ | ♌ | ♍ |
| 18-20 | ♏ | ♐ | ♑ | ♒ | ♓ | ♈ | ♉ | ♊ | ♋ | ♌ | ♍ | ♎ |
| 20-22 | ♐ | ♑ | ♒ | ♓ | ♈ | ♉ | ♊ | ♋ | ♌ | ♍ | ♎ | ♏ |
| 22-24 | ♑ | ♒ | ♓ | ♈ | ♉ | ♊ | ♋ | ♌ | ♍ | ♎ | ♏ | ♐ |
| 24-02 | ♒ | ♓ | ♈ | ♉ | ♊ | ♋ | ♌ | ♍ | ♎ | ♏ | ♐ | ♑ |
| 02-04 | ♓ | ♈ | ♉ | ♊ | ♋ | ♌ | ♍ | ♎ | ♏ | ♐ | ♑ | ♒ |

♈ Widder
♉ Stier
♊ Zwillinge
♋ Krebs
♌ Löwe
♍ Jungfrau
♎ Waage
♏ Skorpioen
♐ Schütze
♑ Steinbock
♒ Wassermann
♓ Fische

# SYMBOLIK DER BLUMEN

Verwenden Sie die Blätter und Blüten der Blumen bei magischen Ritualen oder gestalten Sie Collagen für Ihr magisches Buch (Buch der Schatten) damit.

Akazie – Freundschaft
Akelei – Unzuverlässigkeit
Amaryllis – Schönheit
Anemone – Erwartung, Fürsorglichkeit, Einsamkeit
Aronstab – Begeisterung, Falle
Aster – Nachdenken
Bibernelle, rote – Verabredung
Borretsch – Offenheit
Butterblume – Reichtum, Kindlichkeit
Klematis – List
Dahlie – Neuigkeit
Distel – Abwehr
Efeu – Treue
Engelwurz (Angelika) – Inspiration
Erdbeere – Gutmütigkeit
Farn – Aufrichtigkeit
Flieder – Jugend, zarte Liebe
Fünffingerkraut – geliebte Tochter
Gänseblümchen – Zuneigung, Reinheit
Geißblatt – Liebesbande, Hingabe.
Geranie – Präferenz, Freundschaft
Geranie, rote – Unbesonnenheit
Glockenblume – Unabänderlichkeit
Guter Heinrich – Beleidigung
Heide – Einsamkeit
Hopfen – Ungerechtigkeit
Hortensie – Leichtsinn, Unbeständigkeit
Hyazinthe – Macht, Friede, Spiel
Iris – Botschaft
Jasmin – Liebenswürdigkeit, Freundschaft
Kamelie – Schönheit

Kirschblüten – Unterricht
Klatschmohn – Sehnsucht, Liebe
Klatschmohn, weißer – verborgene Zuneigung
Kornblume – Empfindlichkeit
Krokus – Freude, Frühlingsbote
Lavendel – Sexualität, Attraktivität, Reinigung
Lilie – Flirten
Lilie, weiße – Fruchtbarkeit
Löwenzahn – Orakel
Maiglöckchen – Einfalt
Milchstern – Reinheit
Mohn – Hochmut
Narzisse – Eitelkeit, neues Leben
Nelke – Launenhaftigkeit
Orchidee – weibliche Schönheit, reine Liebe
Passionsblume – Glaube
Petunie – Träume, Entspannung
Pfingstrose – Noblesse, Hochmut, Übermaß
Pinie – Kühnheit
Primel – Hoffnung
Ringelblume – Vorzeichen
Rose – Freude, Glück und Liebe, Schönheit
Rose, gelbe – Freundschaft (in manchen Gegenden auch Eifersucht)
Rose, rosa – geheime Liebe
Rose, rote – Leidenschaft, Liebe
Rose, weiße – Unschuld, wahre Liebe, Stille
Rührmichnichtan – Reizbarkeit
Salbei – Respekt, Wertschätzung
Schneeglöckchen – Hoffnung, Frühlingserwartung, Friede, Trost
Seerose, gelbe – Gleichgültigkeit
Seerose, weiße – Beredsamkeit
Sonnenblume – Lebensfreude
Thymian – Aktivität
Tulpe – Liebeserklärung
Veilchen – Hoffnungsvoll, Denk-an-mich-Kraut
Vergißmeinnicht – aufrechte Liebe, Gedächtnis, Erinnerung
Zitronenmelisse – Scherzen

# GLOSSAR

**Akasha** – Das herausragende und zarteste Element (der 5 Elemente Indiens). Es bedeutet wörtlich übersetzt „Raum", „Leere", „das alles Durchdringende".

**Alchemie** – Esoterische Wissenschaft, die mit den hermetischen Schriften, der Physik und Chemie arbeitet. Ein Alchemist strebt danach, den Stein der Weisen und das Lebenselixier zu finden, die beide außergewöhnliche Qualitäten besitzen. Die persönliche Entwicklung auf dem Weg zu diesem Ziel ist jedoch noch wichtiger.

**Altar** – Kleine, flache Oberfläche, z.B. ein Tischchen, auf dem magische Gegenstände liegen. Wird für die Ausführung von Ritualen benötigt.

**Amulett** – Ein magisch aufgeladener Gegenstand, der zum Schutz dient.

**Anaximander** – Griechischer Philosoph (611 - 547 v.Chr.) Er unterstellte, daß das Apeiron, das Unbenennbare, die göttliche Quelle ist.

**Anaximenes** – Griechischer Philosoph (585 - 528 v.Chr.). Er hielt die Luft für das Urelement.

**Ankh** – Das ägyptische Symbol für Leben, Liebe und Wiedergeburt.

**Aristoteles** – Griechischer Philosoph (384 - 322 v.Chr.). Er entwickelte die Theorie der vier Elemente und der Transmutation und sah den Äther als fünftes Element.

**Ásatrú** – Eine Strömung, die zum germanischen Heidentum zählt.

**Astrale Projektion** – Alles, was in der feinstofflichen Welt geschieht und daher nicht mit unseren 5 physischen Sinnen, wohl aber mit dem 6. Sinn, wahrgenommen werden kann.

**Astralkörper** – Der Lichtkörper oder feinstoffliche Körper, den jeder Mensch hat. Er ist mit dem irdischen Körper mit einer Art Band (Silberschnur) verbunden.

**Astralreise** – Das Bewegen durch Dimensionen, die außerhalb der irdischen Zeit und des irdischen Raums liegen. Reisen auf der Astralebene, die auch die vierte Dimension genannt wird.

**Aszendent** – Das Tierkreiszeichen, welches während der Geburt am östlichen Horizont erscheint.

**Äther** – Das fünfte Element. Geist.

**Aura** – Eine Sphäre, die jedes lebende Wesen um sich hat und in der sich Erfahrungen, Charakter und Veranlagung zeigen.

**Austreten** – Aus dem physischen Körper heraustreten, um sich einige Zeit auf der Astralebene zu bewegen.

**BDS (BOS)** – Buch der Schatten (Book of Shadows). Handgeschriebenes magisches Arbeitsbuch mit Sprüchen, Formeln und Rezepten einer Hexe.

**Beltane/Beltaine** – Fruchtbarkeitsfest am 1. Mai, welches am Abend zuvor gefeiert wird. Eine von 8 Sabbaten.

**Besen** – Bekanntes Hexensymbol. Wird für Reinigungsrituale zur Entfernung unerwünschter Energien verwendet.

**Brown, Yull** (1922- 1998) – Wissenschaftler, der das Brown'sche Gas (ca. 1970) entdeckte.

**Caduceus** – Alchemistisches Symbol, welches Dualität bedeutet. Zugleich Symbol des Handels, der Heilkunde und der Kommunikation.

**Cerealoge** – Kornkreisforscher.

**Chant** – Rhythmisches Wiederholen eines Reims oder Spruchs, mit oder ohne instrumentale Begleitung.

**Coven** – Hexenkreis, traditionell aus mindestens 3, maximal aber 13 Hexen bestehend, die Hohepriesterin mitgezählt. Gegenwärtig gibt es jedoch auch größere Hexenkreise.

**Deosil** – Im Uhrzeigersinn.

**Druidentum** – Naturnahe Lebensweise, vor allem mit keltischen Einflüssen, häufig in Gruppenverbänden, wobei die Belange von Mutter Erde im Mittelpunkt stehen. Auch die Entwicklung der Kreativität spielt eine wichtige Rolle. Druide können Sie über einen Einweihungsweg mit verschiedenen Graden werden.

**Eklektische Hexerei** – Mix aus verschiedenen (Hexen-)Traditionen. Eine eklektische Hexe nutzt sowohl schamanische als auch druidische Elemente in ihren Ritualen, etwa indem sie Totemtiere mit dem keltischen Baumorakel kombiniert.

**Elemente** – Erde, Feuer, Wasser und Luft. Die im Westen gebräuchlichen Bezeichnungen stammen vom griechischen Philosophen Empedokles.

**Eleusismysterien** – Gebunden an den Demeter-Kult, dessen Zentrum sich in Eleusis befand, daher der Name. Eleusis ist ein wichtiger Ort im Mythos von Demeter und Persephone. Auch als Demeter-Kult bezeichnet.

**Empedokles** – Griechischer Philosoph (494 - 434 v.Chr.), der den Begriff der vier Elemente erdachte.

**Erde** – Element mit der größten Dichte aller Elemente, welches den anderen Elementen Stabilität und Form gibt.

**Erdstrahlen** – Auch als Elfen- oder Trolllinien bekannt. Diese Linien haben eine starke Energie, oft negativ, und verlaufen wie ein Netzwerk rund um die Erde.

**Erdzeichen** – Tierkreiszeichen mit irdischen Eigenschaften: Stier, Jungfrau, Steinbock.

**Esbat** – Mondfest, meist bei Vollmond, wenngleich manche Hexen auch an Neumond Esbat feiern.

**Feuer** – Eines der vier (fünf) Elemente. Korrespondiert mit Themen wie Transformation, Sehnsucht, Wille, Kreativität, Erkenntnis.

**Germanisches Heidentum** – Eine Strömung, in der die germanische Mythologie eine wesentliche Rolle spielt. Daneben sind die Natur, die Menschen, die Sprache und die Geschichte von großer Wichtigkeit.

**Heraklit von Ephesus** – Griechischer Philosoph (ca. 540 - 480 v.Chr.). Er hielt das Feuer für den Anbeginn von allem.

**Hermetische Schriften** (Corpus Hermeticum) – Man nimmt an, daß diese Schriften geheime Informationen der ägyptischen Mysterienschulen über Alchemie, Astrologie, Mathematik, Physik, Baukunst und Magie enthalten. Sie sollen von dem ägyptische Gott Thot zusammengestellt worden sein, der im Griechischen Hermes (Hermes trismegistus) genannt wurde.

**Hexe** – Das Wort 'Hexe' kommt ursprünglich aus dem althochdeutschen hagetisse oder haechdisse. Eine hagetisse (hagezussa, hagadessa) war jemand, der auf Hecken oder Zäunen ritt, also auf der Grenze zwischen den

Welten. Es gibt verschiedene Arten von Hexen, u.a. Solohexen und Wicca's. (Darüber mehr in meinem Buch *Alte Traditionen – Moderne Hexen*).

**Hexerei** – Manche Menschen nennen es eine Religion, man kann Hexerei aber einfach nur als eine Lebensweise auffassen. Diese Lebensweise studiert natürliche Prozesse und hält die natürlichen Abläufe in Ehren, nutzt aber auch ganz praktisch Methoden wie das Wahrsagen oder die Magie. Rituale dienen dazu, mit den Kreisläufen der Natur und des Menschen selbst in Harmonie zu kommen. Rituale werden meistens an den Höhepunkten der Jahreszeiten, während der Höhepunkte des Mond- oder Sonnenzyklus, und an wichtigen Stationen des Lebens vollzogen.

**Hippokrates** – Griechischer Philosoph (460-377 v.Chr.). Legte die vier Temperamente und die vier Körpersäfte fest.

**Imbolc/Oimelc** – Jahresfest, gefeiert am 1. oder 2. Februar. Dabei wird die keltische Göttin Brigid verehrt. Aussaatfest, welches nach der Geburt der ersten Lämmer gefeiert wird.

**Jul** – Jahresfest am 21. Dezember, bei dem die Rückkehr des Lichts gefeiert wird.

**Jung, Carl Gustav** – Schweizer Psychiater (1875-1961), der seine analytische Psychologie auf die Basis der vier Elemente stellte.

**Kelch** (chalice) – Weibliches Element, das zugleich das Element Wasser symbolisiert.

**Kessel** (cauldron) – Symbol für die Göttin, für Wiedergeburt, Unsterblichkeit und für das Element Wasser. In dem Kessel wird ein Feuer entzündet, worin rituell Gegenstände verbrannt werden, etwa Papier mit aufgeschriebenen magischen Formeln.

**Konsekrieren** – Weihen/segnen eines Gegenstandes mit Energie.

**Kornkreise** – Kreise und Abbildungen (Piktogramme), die auf geheimnisvolle Weise spontan in einem Kornfeld entstehen, wahrscheinlich unter Einfluß sehr starker Energien.

**Kreis** – Magischer Raum, in dem die Hexe ihre Rituale ausführt.

**Kundalini** (Feuerschlange) – Energieform, die etwa durch Tantra geweckt wird und mit der die Einswerdung mit dem Göttlichen erreicht wird.

**Lebenselixier** – Begriff aus der Alchemie. Ein Trank, der ewiges Leben verleiht.

**Leylinien** – Auch als Drachenwege bekannt. Sie sind Linien mit starker Energie, oft positiv, die in einem Netzwerk über die ganze Erde verlaufen. Es handelt sich um Kraftorte, wo häufig wunderliche Erscheinungen gesichtet werden.

**Luft** – Eines der vier (fünf) Elemente. Korrespondiert mit den Themen Kommunikation, Reisen, Verbindung, Analysieren, Gedanken.

**Lughnasadh/Lammas** – Jahresfest um den 1. August, bei dem die Getreideernte gefeiert wird.

**Luzider Traum** – Ein Traum, in dem Sie wissen, daß Sie träumen, wodurch Sie den Traum in bis zu einem gewissen Punkt steuern können.

**Mabon** – Jahresfest am 21. September, dem Herbstäquinoktium. Ein Dankfest zum Abschluß der Ernte.

**Magie** – Das Beeinflussen von Energie durch Kombination der eigenen mentalen Energie mit verschiedenen Hilfsmitteln. Auch: Verehrung der Götter. Im Englischen wird der Begriff magick mit ‚ck' geschrieben, im Unterschied zum von Illusionisten angewendeten Wort magic.

**Magnetisieren** – Mit Energiestrahlen verstehen.

**Mithraskult** – Kult, der vor allem von Männer ausgeübt und im Jahre 395 verboten wurde.

**Naturphilosophen** – Philosophen, die sich mit Theorien rund um die Naturbegriffe Erde, Wasser, Feuer und Luft beschäftigen.

**NTE** – Nahtod-Erfahrung.

**OBE** – Out of Body Experience, siehe unter Austreten.

**Ostara** – Jahresfest, Frühjahrsäquinoktium am 21. März.**Paganismus** – Allgemeiner Begriff für Heidentum bzw. seiner modernen Erscheinungsformen (auch Neu-Heidentum). Dazu zählen etwa die Hexerei und Wicca, Druidentum, germanisches Heidentum und Schamanismus.

**Paganismus** – Allgemeiner Begriff für Heidentum bzw. seine modernen Erscheinungsformen (auch Neuheidentum). Dazu zählen etwa die Hexerei und Wicca, Druidentum, germanisches Heidentum und Schamanismus.

**Paracelsus** – Alchemist, Astrologe und Naturheilkundiger (1493-1541). Prägte den Begriff tria-prima (Alchemie) und beschrieb die Naturwesen.

**Pentagramm** – Fünfzackiger Stern, das wohl bekannteste Hexensymbol. Die fünf Spitzen symbolisieren Erde, Wasser, Luft, Feuer und Geist (Äther).

**Pentakel** – Pentagramm auf einer Scheibe, die auf dem Altar liegt und die Erde symbolisiert. Auf dieser Scheibe werden magische Handlungen vollzogen.

**Plato** – Griechischer Gelehrter (ca. 427-347 v.Chr.). Entdeckte die fünf platonischen Formen.

**Präzession** – Die Kreiselbewegung der Erdachse. Ein Präzessionszyklus dauert ca. 25920 Jahre.

**Qadishtu** (Nu-gig) – Babylonische Tempelpriesterinnen.

**Ragnarök** – Der Endkampf der germanischen Mythologie, in dem die Feuerriesen alles in Brand setzen und so den Weltuntergang bewirken.

**Reiki** – Universelle Lebensenergie.

**Runen** – Magische Schriftzeichen, die unter anderem in der Bindungsmagie, einer sehr starken Magieform, aber auch in der Wahrsagerei verwendet werden.

**Sabbat** – Jahresfest. Er es gibt acht Jahresfeste: Imbolc, Beltaine, Lughnasadh, Samhain, Mabon, Litha, Ostara und Jul.

**Samhain** (Halloween) – Jahresfest, welches am 31. Oktober gefeiert wird und den Winter einläutet. Für Hexen ist dieser Tag der Beginn ihres neuen Jahres (Hexenneujahr).

**Schamanismus** – Uralte, jetzt wieder populäre spirituelle Strömung, welche die Weisheiten der Schamanen aus aller Welt (Nordamerika, Afrika und Sibirien) bezeichnet. Der Neoschamanismus kombiniert unterschiedliche Richtungen miteinander.

**Schwitzhütte** (Inipi) – Schamanistischer Brauch, der vor allem von den nordamerikanischen Indianern gepflegt wird und nun auch im Westen immer mehr Anhänger findet. Die Hütte versinnbildlicht den Bauch der Mutter Erde und wird derart aufgeheizt, daß man in eine Art Trance verfällt.

**Shapeshifting** – Gestaltwandeln. Englischer Begriff für das Verändern der eigenen Gestalt (z.B. Verwandlung in einen Raben oder Adler), wie es vor allem von Schamanen praktiziert wird.

**Stab** – Magisches Werkzeug aus Holz. Eine moderne Hexe benötigt zwei Stäbe, einen kurzen und einen langen, die für jeweils andere Zwecke verwendet werden.

**Stein der Weisen** – Begriff aus der Alchemie. Die Formel, die einfache Metalle in Edelmetalle (Gold) transformiert.

**Steinkreise** – Hiermit werden sowohl einheimische Hünengräber als auch die großen keltischen Steinkreise (Stonehenge, Avebury in Großbritannien) und die megalithischen Monumenten (Menhire) etwa in Frankreich bezeichnet. Bisher ist noch nicht eindeutig nachgewiesen, wozu diese Kreise dienten. Die einen halten sie für Bebräbnisstätten, andere für Kalender.

**Sterndeuterei** – Eine Mischung aus Astrologie, Astronomie und Wahrsagen, wie sie u.a. in Babylonien praktiziert wurde.

**Tantra** – Eine Kombination östlicher Spiritualität, Sexualität und ritueller Magie, die viel Übung hinsichtlich Technik und Selbstbeherrschung verlangt.

**Tattwas** – Sanskrit-Wort für die elementaren Uranfänge. Bedeutet wörtlich ‚die Das-heit'. Es kursieren unterschiedliche Definitionen, doch meist werden mit Tattwa die fünf auch im Westen bekannten Elemente gemeint: Erde, Wasser, Luft, Feuer und Äther.

**Thales** – Griechischer Naturphilosoph (ca. 624-545 v.Chr.) Er glaubte, alles sei aus dem Element Wasser entstanden.

**Tierkreis** (Zodiac) – Die Bahn, in der die zwölf Tierkreiszeichen sich bewegen.

**Tierkreiszeichen** – Zwölf Segmente von jeweils 30° (zusammen 360°, die jährliche Umlaufbahn um die Sonne) die ihre Namen nach uralten Sternbildern erhielten. Die Tierkreiszeichen sind infolge der Präzession allerdings nicht mehr deckungsgleich mit den Sternbildern.

**Trancereisen** – Eine schamanische Meditationstechnik.

**Wahrsagen** – Wahres sagen, die Zukunft vorhersagen, Einsicht gewinnen mit Hilfe bestimmter Hilfsmittel.

**Walpurgisnacht** – Jahresfest, welches vor allem deutsche Hexen am 30. April feiern.

**Wasser** – Eines der vier (fünf) Elemente. Korrespondiert mit Themen wie Gefühle, Emotionen, Liebe, Häuslichkeit.

**Wicca** – Religiöse Strömung innerhalb des Paganismus und der Hexerei. Wicca gilt als Priesterschafts- bzw. Einweihungsreligion. Wenngleich Hexerei und Wicca häufig als dasselbe angesehen werden, gibt es wichtige Unterschiede. Wiccas nennen sich allerdings auch Hexen.

**Winti** – Surinamischer Naturglaube, in dem Luft- und Erdgeister eine wesentliche Rolle spielen.

**Zarathustra** (Zoroaster) – Altpersischer Prophet und Religionsstifter, der vor rund 2000 Jahren lebte. Begründer des Mazdaismus, eine Religion, die das Feuer in den Mittelpunkt stellt.

**Zauber** – Magische Handlung in Kombination mit einem Spruch.

# LITERATUR

*in deutscher Sprache (ergänzt durch die Übersetzerin)*


**Astrologie / Mond**

*Astrologie für Einsteiger* – Marian Bollen. Iris, Amsterdam 2000

*Vom richtigen Zeitpunkt. Die Anwendung des Mondkalenders im täglichen Leben* – Johanna Paungger / Thomas Poppe. Irisana, München 28./1996

**Divination**

*Das große Pendelbuch* – Petra Sonnenberg. Iris, Amsterdam 1998

*Das praktische Pendelset für Einsteiger* - Petra Sonnenberg. Iris, Amsterdam 1999

*Runen als Wegbegleiter* - Magdalena Caland. Iris, Amsterdam 1997

*Arbeiten mit den Wahrsagekarten von Mademoiselle Lenormand* – Christiane Renner. Iris, Amsterdam 2002

**Tarot**

*Tarot als Lebensweg* – Karen Hamaker-Zondag. Iris, Amsterdam 2002

*Was die Karten uns verraten* – Petra Sonnenberg. Iris, Amsterdam, 2003

**Kräuter, Öle, Blumen und Bäume, Edelsteine**

*Aromatherapie* - Julia Lawless. Könemann, Köln o.J.

*Die spirituelle Kraft der Bäume* - Petra Sonnenberg. Iris, Amsterdam 1999

*Dumont's Große Kräuter* – Enzyklopädie. DuMont, Köln 2./1996

*Enzyklopädie der Naturheilmittel* - C. Norman Shealy. Könemann, Köln o.J.

*Das Große Lexikon der Heilsteine, Düfte und Kräuter*. Methusalem, Neu-Ulm 8./2000

*Heilende Steine von A-Z* – Petra Sonnenberg. Iris, Amsterdam 2000

*Magie der Blumen* - Eva Sawada. Iris, Amsterdam 2001

*Weihrauch* - Erna Droesbeke. Iris, Amsterdam 1998

**Götter und Göttinnen**

*Ägyptische Mythologie* – Günther Roeder. Komet, Frechen 2000

*Lexikon der abendländischen Mythologie* – Otto Holzapfel. Herder, Freiburg 1993

**Wicca und Hexerei**

*Alte Traditionen – Moderne Hexen* – Claudia van der Sluis. Iris, Amsterdam 2001

*Besen und Pentagramme. Handbuch für junge Hexen* – Minerva. Iris, Amsterdam 2001

*Handbuch für Hexen* – Noud van den Eerenbeemt. Iris, Amsterdam 3./2000

*Kleines Lexikon des Hexenwesens* – Ditte und Giovanni Bandini. dtv, München 2000

*Das neue Lexikon des Aberglaubens* – Walter Gerlach. Eichborn, Frankfurt/M. 1998

*Von Abrakadabra bis Zodiakus. Lexikon des Aberglaubens und der magischen Künste* – Christina Zacker. Falken, Niedernhausen 2000

*Wicca – Die alte Religion im neuen Zeitalter* – Vivianne Crowley. Edition Ananael, Bad Ischl 2./1998

**Verschiedenes**

*Kerzen-Zauber* - M.E.Caland. Iris, Amsterdam 1999

*Lexikon des Geheimwissens* – Horst E. Miers. Goldmann, München 1993

*Lexikon der Symbole* – Wolfgang Bauer u.a. Heyne, München 14./1997

*in englischer Sprache*

*Earth, air, fire & water* – Scott Cunningham. Llewellyn, Minnesota 2002

*Earth, Water, Fire and Air* – Cait Johnson. Skylight Paths Publishing, Woodstock 2003

*Encyclopedia Of Magickal Herbs* – Scott Cunningham. Llewellyn

*The curious lore of precious stones* – George Frederick Kunz. Dover Publications, New York, 1913

*The Great Cosmic Mother, rediscovering the religion of the earth* – Monica Sjöö & Barbara Mor. Harper & Row 1987

*Wisdom of the elements, the sacred wheel of Earth, Air, Fire and Water* – Margie McArthur. The Crossing Press, 1998

## Software

*Astroscoop Plus*, astrologische Software für Windows XP/95/NT, Schors, Amsterdam (niederländisch)

## Video

*Contact with the unknown intelligence behind the crop circles* – Bert Janssen (PAL-video)
Crop Circles; The Research – Bert Janssen (PAL-video)

# QUELLEN

Zeichnungen der Formen auf S. 15, Chakren Auf S. 60: Mariëlle Lens und Claudia van der Sluis
Zeichnung Pentagramm mit ElementenS. 40, Medizinrad S. 81, Pentakel S. 82: Claudia van der Sluis
Übrige Zeichnungen: Mariëlle Lens
Foto S. 37: Ildanach
Fotos S. 62, 69, 86: Ronn van Dinther
Erdritual Fruchtbarkeit mit Reis, Erdritual für Glück, Harmonie und Erdverbundenheit: Gonneke Kalker (Deliah)
Rezepte und Text für erdendes Body-Öl, Naturparfüm, Massage, reinigendes Schlammbad, Erd-Rezepte, aromatisches Fußbad und Fußmassage, Fußverwöhnerei und Gesichtsmaske: José Zwaneveld (Zwaantje's essentiële oliën, Tobias M.C. Asserstr. 1, 1063 NB Amsterdam, Tel. 020-6130688, Fax 020-6145878, zwaancub@xs4all.nl)

Fragen, Anregungen und sonstiges zu diesem Buch unter:
www.claudiavandersluis.nl

# DANKWORT

Dank an Floris Methorst, Nederlandse vereniging tot Wetenschappelijk Onderzoek van de Astrologie, und Jacob Ruijling, der mir wichtige Literaturhinweise gab und mir einen unvergeßlichen Nachmittag mit bezaubernder Klarinettenmusik und tiefgründigen Gedichten in Spanisch, Deutsch, Französisch und Latein bescherte. Seine Weisheit, seine Tarotlegung und die Chaldäische Astrologie, die er anwendete, haben einen großen Einfluß auf meinen weiteren Lebensweg.

Dank auch an Irina Tudor, Sten Oomen, Janine van Riet, Mara de Weiß, Molaris, Scathach, Iris, Dragao, Jessie, Elisaday und Whiteshadow, die mir mit Rat und Tat, Rezepten, Methoden und Informationen halfen. Das gleiche gilt für Franciska van Soelen und Jolien Ritter.Auch die Ildancher waren dieses mal mit ihren Reimen wieder mit von der Partie, genauso wie mein lieber Freund Walter und der Astrologe Lyke Bagaya. Diana Zijlmans war mir mit ihren weisen Worten über das Medizinrad unverzichtbar. José Zwaneveld, Aromatherapeut, half mit mit Hinweisen über ätherische Öle und verschaffte mir allerlei Hausmittelchen und Rezepte.

Ich danke auch Remco und Hrodger Fréjawin für ihren Beitrag über das Germanische Heidentum und Ronn van Dinther und Gonneke Kalker (Deliah), die gemeinsam die schönen Fotos machten. Gonneke hat darüber hinaus einen maßgeblichen Anteil an diesen Büchern, weil sie so reizend war, mir ihre eigenen, sehr persönlichen Ritualen zu verraten.

Jur war wie immer wieder ein wundervoller Ratgeber. Mit seinem Wissen über Astronomie und Mathematik und seinem Interesse an den Mysterien konnte er mir immer wieder weiterhelfen und mir Feedback geben.

Ein besonderer Dank gilt meinem Verleger für seine Begeisterung, sein Vertrauen und seine Geduld.

Herzlichen Dank Euch allen!

# ANMERKUNGEN

1. Die Erde steht nicht senkrecht zur Sonne.
Ihr etwas schiefer Achsstand wird Inklination genannt und beträgt etwa 23,5°. Die Kreiselbewegung die sie dadurch vollzieht, braucht einige Jahre, um einmal rund zu laufen. Das nennt man Präzessionszyklus. Die genaue Dauer eines solchen Zyklus wird in der Literatur mit unterschiedlichen Jahreszahlen angegeben, beträgt aber nach gesicherten wissenschaftlichen Erkenntnissen rund 25770 Jahre.
Die alten Ägypter errechneten einen **Präzessionszyklus** von 25920 Jahren. Sie waren nicht die einzigen, die sich mit diesem Phänomen beschäftigten. Es ist überaus bemerkenswert, daß man überhaupt schon vor so diese Kreiselbewegung entdeckte. Die Verschiebung vollzieht sich nämlich so allmählich, daß sie kaum zu bemerken ist und eigentlich erst nach mehrere Generationen dauernden genauesten Beobachtungen erkannt werden kann.

2. Bei **paganistischen** Festen unterscheidet man germanische und keltische Feste. Die germanischen Feste fallen auf den Zeitpunkt des Äquinoktiums, der Tag-und-Nachtgleiche, bzw. auf den längsten oder kürzesten Tag. Wegen ihrer Beziehung zur Sonne werden sie auch Feuerfeste genannt. Diese vier Tage betrachtet man noch heute als Beginn einer jeweils neuen Jahreszeit. Die keltischen Feste werden nicht zu bestimmten Zeiten gefeiert, fallen also jeweils durchaus auf unterschiedliche Daten. Signale für den Beginn des Festtages sind hier mehr Veränderungen und Zeichen in der Natur. Heute werden solche Feste von Anhängern der Naturreligionen und von modernen Hexen gefeiert. Man macht aber sehr wohl Unterschiede zwischen wichtigen und weniger wichtigen Festen.

3. Das **Tarot,** welches Sie als eine Art Lebensbuch in Bilder betrachten können, ist in zwei so genannte Arkanas gegliedert. In den Großen Arkana sind die Archetypen des Lebens dargestellt. Diese Archetypen sind uralte, kollektive Bilder, die jeder Mensch kennt wie etwa die Mutter (III

- Die Herrscherin) oder den Vater (IV - Der Herrscher), die Waage (VIII - Gerechtigkeit). Die Großen Arkana bestehen aus 22 Karten mit tiefer symbolischer Bedeutung. Die Kleinen Arkana bestehen aus 56 Karten, die tagtägliche Begebenheiten wiedergeben, Situationen, die jeder gut kennt. Das Tragen einer schweren Last beispielsweise (Stäbe 10) oder Spaß haben (Kelche 3). Die Kleinen Arkana gliedern sich in vier Farben, die jeweils ein Element als Baustein unseres irdischen Lebens symbolisieren:
Schwerter (Dolche) – Luft; hier geht es um Gedanken, Entscheidungen, Einsichten.
Stäbe – Feuer; hier geht es um Transformation, Energie, Aktion, Kraft, Lebensfreude, Aggression, Wille, Leidenschaft.
Kelche (Becher, Pokale) – Wasser; hier geht es um Gefühle, Emotionen, Vorstellungen, Phantasie.
Münzen (Pentakel, Scheiben) – Erde; hier geht es um Finanzangelegenheiten, Arbeit, Balance finden, Talente entdecken und entwickeln, Belohnungen.
Prüfen Sie beim Kartenlegen zunächst, wie stark die Energien strömen. Verspüren Sie eher eine nach außen strebende, aktive Energie oder eher eine nach innen wirkende, passive Energie?
Feuer und Luft sind beide beweglich, also aktiv. Sie können geradezu die flackernden Flammen vor sich sehen oder die Wolken, die vom Wind getrieben werden. Erde liegt still da und Wasser versickert im Boden, beide sind passiv.

4. Es ist nicht immer nötig, einen **Kreis** zu ziehen, erst recht nicht, bei einfachen rituellen Handlungen. Prüfen Sie sich selbst, ob Sie bei einem bestimmten Ritual ein Schutzbedürfnis haben. Wenn Sie sich beispielsweise auf eine andere Bewußtseinsebene begeben, ist es sicherer, einen Kreis zu ziehen. Diesen können Sie sich wie eine schützende Kugel um sich herum vorstellen. Ziehen Sie den Kreis mit dem Zeigefinger im Uhrzeigersinn und visualisieren Sie, daß nichts und niemand ohne Ihre Zustimmung diesen Kreis betreten darf. Wenn Sie Ihr Ritual beendet haben, heben Sie den Kreis in umgekehrter Richtung wieder auf.

ISBN 90-6361-011-4

ISBN 90-76274-19-3

Claudia van der Sluis

# DIE VIER ELEMENTE

## Kräfte und Eigenschaften der vier Elemente

ISBN 90 6361-019-X

ISBN 90 6361-020-3

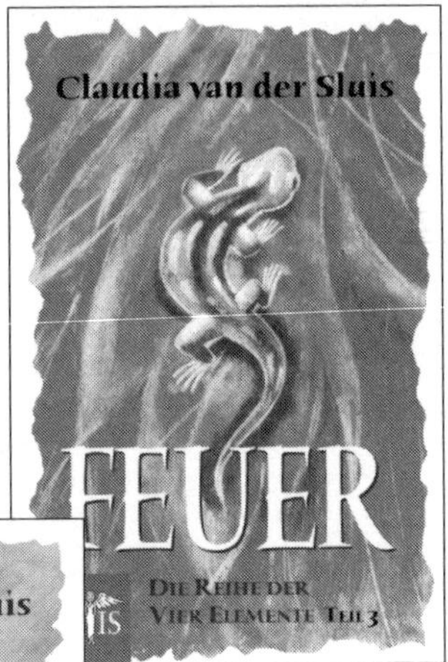

ISBN 90 6361-021-1